수의사의 생활법률

발　행 | 2023년 3월 2일
저　자 | 한두환
펴낸이 | 한건희
펴낸곳 | 주식회사 부크크
출판사등록 | 2014.07.15.(제2014-16호)
주　소 | 서울특별시 금천구 가산디지털1로 119 SK트윈타워 A동 305호
전　화 | 1670-8316
이메일 | info@bookk.co.kr

ISBN | 979-11-410-1822-1

www.bookk.co.kr

TABLE OF CONTENTS

60이 넘어서의 삶은 내가 그동안 해왔던 일들의 전문가가 되어야 하는데 배움을 놓쳐서 할 일이 없어지고 맙니다. 그러다 보니 우리나라가 고령 자살 1위, 고독사 1위라고 합니다.

지금이야말로 의미 있고 가치 있는 일을 할 때입니다.

책을 쓰기 위해서 책에 관심이 가고 책을 읽게 되니 성장하고 도전하게 되고 가치 있는 일들을 찾게 됩니다.

책을 쓰는 이번 계기로 인해 작가님들 삶에 터닝포인트가 되시길 기도드립니다.

기획인
교육전문가 박사
최성모

- 성공해서 책을 쓰는 것이 아니라 책을 쓰면 성공한다 -

꿈은 이루어진다.

불혹을 넘긴 나이가 태반인데 소년 소녀 같은 눈망울로 새 삶을 도전하는 여러분께 박수를 보냅니다.

퇴고하는 과정에 내용을 읽다 보니 눈물이 났습니다. 한분 한분 보석들이 잠재의식 속에 담아져 있었습니다. 그 보석을 끄집어내 주면서 저 또한 보람을 느꼈습니다.

끝까지 포기하지 않고 책을 출간하게 되어 너무나 기쁩니다.

이 책을 통해서 놀라운 기적들이 일어나기를 소망합니다.

김형석 교수는 100세를 살아보니 전성기는 60~75세였다고 하였습니다.

60세가 되면 오래 살았다고 환갑잔치를 해주던 때가 엊그제였는데 이제는 60년을 한 번 더 사는 시대가 왔습니다.

전반기 시간을 돌아보면 놓친 것들이 많습니다.

하나님 안에서 일터와 가족과 건강과 배움에 시간을 적절히 썼어야 했는데 저 역시도 균형이 깨질 때가 많았습니다. 특별히 간과하기 쉬운 것이 '배움'입니다.

지금 쓴 이야기들을 중심으로 앞으로 펼쳐질 이야기에 집중했으면 좋겠습니다. 한 사람이 한 권의 이야기를 쓸 수 있기를 바랍니다. 지극히 작은 한 사람의 이야기이지만, 그 속에는 우주의 조화가 담겨 있습니다. 하나님이 창조하신 세상에서 창의적으로 살아간 수많은 흔적들이 담겨 있습니다.

함께한 모든 분들의 수고에 감사드리고, 특히 지도를 맡아 헌신하신 최성모 권사님에게도 감사를 드립니다. 오늘도 주님과 동행하는 삶의 이야기는 계속될 것입니다. 할렐루야!

2024 5월의 봄날

이성준 목사

이야기는 계속 됩니다

수정 문화교실 책쓰기반의 첫 번째 열매로 작은 책자 발간을 축하드립니다.

작은 책자라고는 하지만 그 안에 담긴 여러 저자들의 삶의 이야기가 결코 작은 것은 아닙니다. 한 사람의 인생의 중요한 순간을 담은 큰 이야기들입니다. 행복한 이야기, 슬픈 이야기가 교차되고, 상처받은 이야기와 치유된 이야기도 있을 것입니다.

누군가 인생은 희극과 비극이 씨줄과 날줄처럼 반복되며 직조되는 옷감과 같다고 묘사하기도 했지요. 하나님이 없이 사는 사람들의 불행은 그 인생의 이야기가 해석되지 않는데서 옵니다. 반면 하나님의 자녀들은 그 상반된 삶의 이야기가 그리스도 안에서 해석된다는 차이점이 있습니다. 좋은 일과 나쁜 일들이 오가는데, 조금 멀리서 바라보니 그 안에 하나님의 섭리의 손길이 숨어 있음을 깨닫습니다. 그리고 영적인 눈이 열려 이 모든 것은 주의 은혜라고 인정하는 고백을 하게 됩니다.

책쓰기반을 통해서 아마도 나의 삶을 향하신 하나님의 계획에 대한 묵상이 이루어졌을 줄로 믿습니다. 과거에 대한 현 시점의 정리는 미래를 향해 도약할 수 있는 발판이 될 것입니다. 더구나 나의 인생의 이야기는 아직도 미완성입니다. 하나님을 의지하고 성령의 인도를 받으며 살아갈 때 나의 앞날은 얼마든지 열려있습니다. 새롭고 더 역동적인 미래가 펼쳐질 수 있습니다.

JESUS LOVES YOU

우리의 인생수업

With God

아빠! 하늘나라는 어딨어요? · 김상호
나는 리미티드, 그는 인피니트 · 김혜연
사고뭉치 골목대장 · 박현근
사모로 빚어 가신 하나님 · 서유석
만남의 축복 · 신영주
매일 새로워지는 삶 · 조봉화
내 삶이 결정했습니다 · 현은정

한국지식문화원
BOOK PUBLISHING

우리의 인생수업

With God

발 행 일	2024년 5월 26일
지 은 이	김상호 김혜연 박현근 서유석 신영주 조봉화 현은정

기 획	최성모
편 집	김모정
디 자 인	김현순
발 행 인	권경민
발 행 처	한국지식문화원

출판등록	제 2021-000105호 (2021년 05월 25일)
주 소	서울시 서초구 서운로13 중앙로얄빌딩 B126
대표전화	0507-1467-7884
홈페이지	www.kcbooks.org
이 메 일	admin@kcbooks.org
ISBN	979-11-7190-023-7

우리의 인생수업
With God

아빠! 하늘나라는 어딨어요?

자녀가 주는 질문을 통해 생각해보는 그리스도인의 삶

김상호

수정교회 부목사

서울신학대학교 신학과 B.A 졸업

서울신학대학교 신학대학원 M.Div 졸업

숭실대학교 기독교학 대학원 Th.m 졸업

아이가 전해주는 평범하지만 답하기 어려웠던 질문들을 통해
그리스도인으로 살아감에 대해서 생각해 본다.

평범한 이 시대의 준비되지 못한 아빠

아들! 왜 지금이니?

이상하게 들리겠지만 처음 이든이(첫째)가 우리에게 찾아왔을 때, 그때만큼 내 인생에서 당황스러웠던 순간은 없었다. 드라마를 보면 아내가 임신 테스트기를 수줍게 보여주고, 남편은 감격스러워서 아내를 와락 안는 그런 장면이 나오지 않는가? 그런데 그건 정말 드라마였다. 그 순간 나는 아내의 눈치를 살폈고, 아내는 임신 테스트기를 나에게 던지고 울어버렸다.

여기서 오해할까봐 변명부터 하자면, 우리가 이든이(첫째)를 가진 것은 결혼 후, 8개월이 지나서다. 절대 지켜야 할 속도를 안 지킨 것이 아니다. 다만 아직은 아니라고 생각을 했다. 운전면허 따고 처음 운전대를 잡았을 때를 기억하는가? 그때 나는 전진기어를 넣고 무서워서 가속페달도 밟지 못했다. 차는 20km로 굴러가고 있지만 체감은 F1 경기에 참여하여 달리는 것 같은 공포가 느껴졌기 때문이다. 그게 딱 그때의 우리의 심정이었다. 너무 빠르다고 생각했다.

그때 우리 가정의 수입은 교회에서 받는 사례비가 90만 원에, 아버지 같은 어떤 분이 매달 30만 원씩 후원해 주신 것을 합해 120만 원이 전부였다. 그중 방세로 25만 원이 빠져나가고, 이것저것

공과금을 빼고 나면 쓸 수 있는 돈이 없었다. 그래서 결혼 후에도 한동안은 부모님께서 핸드폰비를 내주셨다.

게다가 집은 엘리베이터도 없는 어두컴컴한 상가 건물 4층이었다. 2층 당구장에서는 스멀스멀 담배 연기가 올라왔고, 겨울에는 발이 시려 슬리퍼를 꼭 신어야 했다. 집 안에서도 파카를 벗을 수 없었다.

그래도 나는 이 정도면 괜찮다고 생각했다. 우리 엄마 아빠 세대들은 다들 그렇게 시작했다지 않는가? 게다가 목회자 가정은 좀 가난해도 된다고 생각했다. 아니 오히려 가난한 것이 미덕이지 않을까 하는 것이 당시의 내 생각이었다. 그래서 그 정도면 결혼해도 될 것 같았고, 애도 키울 수 있다고 생각했다.

그런데 아내는 그렇지 않았다. 아내 입장에서 그 당시 우리는 아이를 낳으면 안 되는 사람들이었다. 이런 열악한 상황에서 아이를 낳으면 무책임하다는 것이다. 그도 그럴 것이 아내는 이런 삶은 한 번도 생각해보지 못했다. 어쩌다 신학생을 만났는데, 그때 그 자식을 버리지 못해 결국 결혼까지 하게 된 것이다. 그래서 살아오며 한 번도 생각지도 못한 사모의 길을 가게 된 것이다. 가뜩이나 J성향(MBTI의 한 유형, 계획형)을 가진 우리 아내에게 한 치 앞을 알 수 없는 목회자 가정의 삶, 특히나 생활수준에 대한 기대치가 한참 낮은 나와의 삶은 쉽지 않았을 것이다. 그렇게 둘이 살기에도 버거운 순간에 하나님께서 아이를 주신 것이다. 그러니 그때 아내가 기뻐하지 못한 것은 당연하다. 그래서 나도 아내의 눈치를 볼 수밖에 없었고 말이다.

그런데 그렇게 반갑지도 기쁘지도 않게 맞이한 아이였지만, 낳은 순간 아이는 내 인생에 가장 소중한 존재가 되어버렸다. 아직도 아이를 낳고 100일도 채 되지 않아, 아내와 차 안에서 나누었던 대화가 잊혀지지 않는다. “전에는 아이가 갑자기 우리를 떠나면, 당연히 슬프겠지만, 또 낳으면 되지 생각하기도 했다. 그런데 지금은 이 아이가 없으면 죽을 것 같다…. 이 아이가 아니면 안 될 것 같다.” 참 신기하지 않은가? 원래 나와 우리 아내 인생에 없던 존재였는데, 그 없던 존재가 이제는 나의 삶의 이유가 된다는 것이 말이다.

아이를 낳아야 하나님의 마음을 조금 이해한다는 말이 있다. 그 말에 나는 전적으로 동의한다. 하나님께 없던 존재였던 우리, 심지어 그 하나님을 배신하고 마음 아프게 한 우리를 포기하지 않으시고, 결국에는 자신을 바쳐 우리를 구원하시는 하나님의 사랑이 무엇인지 아이를 낳고 보니 조금 알겠더라….

요즘 우리나라 출산율이 심각한 수준이라는 뉴스가 연일 보도 되고 있다. 심지어 그리스도인 부부들 중에도 아이를 갖지 않겠다고 하는 사람들도 있다. 한편으로는 그들의 두려움이 이해된다. 우리가 아이를 키울 수 있을까 하는 두려움, 그리고 아이에게 더 좋은 것을 주지 못할 것에 대한 두려움, 혹은 어렸을 적 부모에게 받은 트라우마를 자신도 아이에게 주게 될까봐 염려하는 두려움, 내 삶을 다 빼앗길 것 같은 두려움 등 그 밖에도 다 말할 수 없는 두려움들이 있으리라…. 나 역시, 우리 아내 역시 그랬으니 말이다.

그런데 이렇게 생각해 볼 수 있지 않을까? 그 두려움 없이 애를 낳는 것이 더 위험한 것이라고 말이다. 그냥 낳기만 하고 어떻게 되겠지 하는 것보다 그 두려움을 가지고 고민을 한다는 것이 부모가 될 만한 중요한 한 자질이라는 것이지 않을까? 오히려 그 적당한 두려움과 긴장은 우리를 더 좋은 부모가 되게 하는 동력이 될 것이다.

그래서 우리 세대의 젊은 그리스도인 부부들에게는 이 말을 꼭 해주고 싶다. 이 기쁨을 당신들도 꼭 알았으면 좋겠다고 말이다. 아이를 갖지 않고는 알 수 없는 은혜가 있다. 가져보니 아이를 가질 수 있다는 것 자체가 은혜였다. 어느 순간 보니까, 아이가 나를 키우고 있었다. 아니 하나님께서 아이를 통해서 여전히 아이 같은 나를 자라게 하셨다. 분명 힘든 것도 있다. 하지만 그것을 넘는 기쁨과 만족과 은혜와 성취가 있다.

그래서 글로 다 표현할 수 없는 이 기쁨을 많은 사람이 알았으면 좋겠다. 혹시 아직 준비가 안 됐다고 생각하는가? 준비는 하나님을 믿는 믿음과 결혼이면 충분하다. 사실 준비가 다 돼서 부모가 되는 사람은 없더라. 둘째를 낳았을 때 그 생각을 참 많이 했다. 한 번 키워봐서 다 알 것 같은데…. 아픈 걸 알고 맞아도 아픈 건 아픈 거더라. 힘든 건 힘든 거더라. 그런데 놀라운 것은 그 시간도 지금은 다 꿈 같다는 거다.

더 놀라운 것은 그 힘든 것을 요즘 또 하고 싶다는 생각을 하고 있다는 거다. 셋째! 정신 차려!

아들! 그만 좀 놀래켜

"애가 숨을 못 쉬어서…."

다시 생각해도 끔찍한 순간이었다. 그런데 그 무서운 말을 두 번이나 듣게 될 줄이야…. 하나님께서 이든이(첫째)를 아내의 태에 주셨을 때, 우리의 상황도 쉽지 않았지만, 무엇보다 아내의 건강이 가장 큰 어려움이었다. 아내는 임신 사실을 알고 얼마 지나지 않아 입덧을 시작했고 꽤나 오랜 시간 입덧으로 고생했다. 먹을 수 있는 것이 없었고 몸무게는 10kg 가까이 빠졌다. 매일 변기와 씨름했고, 일상생활이 불가능해서 마지막 학기만 남은 대학원도 휴학할 수밖에 없었다.

이든이를 가진 순간부터 내가 할 수 있는 것이 이렇게도 없다는 것을 매일 체험했다. 입덧이 심한 아내를 위해서 내가 할 수 있는 것은 고작 등을 두드려 주는 것 말곤 없었다. 무엇을 해야 할지 몰랐다. 그게 참 힘들었다. 그래서 한번은 아내가 토한 것에 피가 있는 것 같다고 하길래 일부러 그것을 손으로 만지며 냄새도 맡고 가까이서 보는 시늉을 했다. 그렇게라도 내가 뭘 하고 있다는 것을 보여주고 싶었던 것 같다. 그런데 시간이 지나 지금 생각해보면 그게 무슨 도움이 되었을까 싶다.

이런 무력함을 느낀 것은 그때가 끝이 아니었다. 입덧이 괜찮아지니, 이제는 조산의 위험이 찾아왔다. 그래서 결국 아내는 입원을 하여 출산 직전까지 약을 맞으며 누워있어야 했다. 그때도 내가 할 수 있는 것은 없었다. 심지어 교회 사역으로 아내 옆에 많이 있어주지도 못했다.

그런데 더 나를 무력하게 만들었던 것은 출산 직후였다. 임신 35주쯤 되었을 때, 이든이는 뭐가 그리 급했는지 빨리 나오려고 발버둥을 쳤다. 아내는 처음 경험하는 고통에 살려달라고 울부짖었고, 그렇게 기진맥진하여 더 이상 힘을 주지도 못할 때, 이든이는 세상에 나왔다. 산통이 시작된 지 8시간 만이었다. 그런데 의료진들의 눈빛이 조금 이상했다. 드라마를 보면 아이를 엄마에게도 안겨주고 아빠도 안게 해주고 하던데, 그런 것도 없었다.

아이가 울지 않았다. 무언가 이상함을 느끼고 있는데, 의사 선생님이 그 무서운 말을 내게 했다. 아이가 숨을 잘 못 쉰다고 말이다. 그때는 그게 무슨 말인지 몰랐다. 진짜 몰랐다. 그게 얼마나 무서운 말인지 말이다. 그냥 조금 이상하다는 것인 줄로만 알았다. 그런데 조금 시간이 지나 다시 생각해 보니, 정말 무서운 말이더라.

이든이는 태어나자마자 부모 품에 한 번 안기지 못하고, NICU(신생아중환자실)로 옮겨졌다. NICU(신생아중환자실)로 가던 그 엘리베이터, 그 문 앞 아직도 그 길이 생생히 기억난다. 결국 거기서도 내가 할 수 있는 것은 없었다. 심지어 그 중환자실은 내 아이에게 가는 길을 막았다. 정해진 면회시간 외에는 들어갈 수 없다는 것이다. 내 아이인데 한 번 만져보지도 못하고 그렇게 첫날부터 헤어져야 했다. 그 문 앞에서 어떻게 해야 할지를 몰라 서성이던 것이 기억난다. 그때 간절하게 기도했다. 제발…. 살게만 해달라고 말이다.

그리고 나는 몇 시간 후 그날 예정되어 있던 청년부 일일 수련회 준비를 위해 교회로 가야 했다. 병원에 아내와 이든이를 두고 말이다. 내 새끼는 죽을지 살지 모르는데, 청년부 수련회를 준비한다고 가는 내가 그때는 참 처량했던 것 같다.

그리고 두 번째로 그 끔찍한 말을 들었던 것은 아이러니하게도 교회에서였다. 그날은 수요일 예배가 있던 날이었다. 나는 오전 수요예배 찬양인도를 해야 해서 단에 섰다. 저 멀리 자모실에 아내와 둘째 예봄이가 예배를 드리기 위해 온 것이 보였다. 전과 같이 찬양인도를 마치고 단에서 내려와 말씀을 들었다.

그렇게 예배를 잘 드리고 나와서 성도님들께 인사를 드리는데 아내가 보이지 않았다. 둘째는 자모실에 그대로 놔두고 말이다. 아무것도 모르던 나는 화장실에 갔겠거니 했다. 그런데 다른 부목사님 사모님께서 그 끔찍한 이야기를 전해주셨다. 어린이집 전화를 받고 우리 아내가 나갔는데, 이든이가 숨을 안 쉬어서 119 구급대에 실려서 병원으로 갔다는 것이었다. 머리가 하얘졌다.

그리고 나는 병원에 있었다. 정말 어떻게 병원까지 갔는지 기억이 나지 않는다. 아마도 태연한 척하면서, 하지만 긴장한 표정으로 차로 뛰어갔겠지. 그렇게 정신 없이 병원에 갔지만, 나는 응급실 안으로 들어갈 수 없었다. 보호자는 한 명만 들어갈 수 있다기에 또 그 병실 문 앞에 있을 수밖에 없었다.

그래도 정말 감사한 것은 이든이가 정신을 차리고 다시 숨을 잘 쉬고 있다는 소식이었다. 나중에야 안 것이지만, 돌발진이었다고 하더라. 응급실에서 검사와 조치를 마친 이든이를 병실로 옮기고 나서야 만날 수 있었다. 그런데 이 자식이 아무것도 모른 채 웃고 있었다. 아빠 봤다고 너무 활짝 웃고 있는 그 모습이 어제 같이 선하다.

아무것도 해주지 못하는 아빠가 뭐가 좋다고 그저 아빠 봤다고 웃는 아들을 보며 정말 난 아빠이지만 뭘 할 수 있는 사람일까 고민했던 것 같다. 정말 부모는 무엇을 해주는 사람일까? 아니 무엇을 해줄 수는 있는 존재일까?

"무엇을 하실 수 있거든 우리를 불쌍히 여기사 도와주소서."

귀신 들린 아들을 끌어안고 예수님께 나온 아빠의 간절한 절규가 생각나던 순간들이었다. 그런데 그 말씀에서 예수님은 "그때는 이렇게 했어야지, 저렇게 했어야지."하며 하지 않은 행동들에 대해 말씀하지 않으신다. 그리고 그 물음 자체를 꾸짖으신다.

"할 수 있거든이 무슨 말이냐!"

"믿는 자에게는 능치 못함이 없느니라."

어떤 것을 해주지 못함에 대해서 이야기하지 않으시고 단지 믿음이 없는 것을 지적하신다. 더 좋은 것을 입히지 못하고, 더 좋은 것을 먹이지 못하고, 더 좋은 곳에 살지 못함을 지적하지 않으시고, 믿음이 없는 것이 문제라 하신 것이다.

부모로서 좋은 것을 입힐 수 있으면 당연히 좋을 것이다. 그런데 그 좋은 것이 얼마나 가겠는가. 좋은 운동화 사줘도 1년 가면 많이 간 것이더라. 좋은 것 먹이면 부모로서 마음이 당연히 좋을 것이다. 그런데 어떤 좋은 것 먹여도 병 걸릴 건 다 걸리더라.

물론 그렇다고 대충 키우자는 것은 아니다. 부모이기에 내가 줄 수 있는 가장 좋은 것을 하나님이 허락하시는 만큼 주어야겠다. 그런데 정말 중요한 것을 놓치면 안 된다는 것이다. "믿음"으로 사는 것, 믿음으로 기르는 것, "믿음"의 본을 보이는 것 말이다. 그만한 것이 어디 있겠는가. 유한한 세상의 것들이 아니라 무한하신 하나님께 속한 삶을 살게 하는 것 말이다. 못 주는 것에 너무 목매지 말고, 가장 좋은 것을 주는 존재가 돼야겠다. 이건 먼저는 나에게 하는 소리다.

아들! 아빠가 미안해

나는 좋은 아빠가 될 자신이 있었다. 어렸을 적 나는 아빠에 대한 불만이 많았다. 아빠가 나에게 관심이 없었다거나 나를 사랑하지 않으셨다는 것이 아니다. 지금도 우리 아빠의 카톡 프로필 사진은 나와 우리 가정 사진이다. 그런데 그 사랑이 엄함으로 표현됐다는 것이 개인적으로 불편했다.

한번은 명절에 할아버지 집에서 식사를 하고 엄마가 운동을 가자고 하셨다. 그런데 그날따라 운동이 정말 가기 싫었다. 그래서 엄마에게 짜증 섞인 말로 가지 않겠다고 말씀을 드렸다. 그걸 보신 아빠는 분노하셨다. 어디 감히 엄마에게 대드냐는 것이었다. 그날, 정말 비 오는 날 먼지 나게 맞았던 기억이 있다.

사실 이런 엄한 징계는 이때뿐이 아니었다. 아직도 기억에 남는 또 하나는 중학생 때 PC방 앞에 있었다는 이유로 혼났을 때다. 그 날 자전거를 타고 가다가 친구를 만나기 위해 PC방에 들렀지만, 친구는 없었다. 그래서 그냥 나왔다. 그게 전부다.

그런데 그 모습을 아빠가 본 것이다. 집에서 아빠는 나를 부르신 후 PC방에 간 이유를 물으셨다. 그래서 친구 찾으러 갔다고 말씀드렸다. 하지만 아빠는 내 말을 믿어 주지 않으셨다. 그날도 정말 무섭게 혼났다. 그 시간이 더 끔찍했던 것은 그렇게 혼나는 것보다 아빠가 나를 믿어주지 않았다는 기억 때문이다. 그 서러움에 변명할수록 더 무서워지는 아빠를 보며 있지도 않은 죄를 고백하며 죄송하다고 했던 기억이 있다.

그래서 나는 그러지 말아야겠다는 생각을 했다. 그렇게만 하면 좋은 아빠가 될 것 같았다. 절대로 폭력은 쓰지 말아야지, 아이들의 이야기를 들어줘야지, 강압적이기보다 이해하려고 노력해봐야지, 다짐했다. 참 꿈도 야무졌다.

한번은 이든이에게 방 청소를 시키는데 너무 더디었다. 그래서 빨리 치우라고 한 번 더 이야기했다. 그런데 다음에 가도 내 눈에는 똑같아 보였다. 그래서 빨리 청소하지 않았다는 이유로 심하게 혼낸 적이 있다. 무섭게 혼나다 보니 이든이도 울면서 뭐라고 하는데 그것을 내가 알아들을 수 없었다.

그렇게 신나게 혼난 후, 앉아 있는 나에게 이든이가 조용히 찾아왔다. “아빠, 아까 책을 종류별로 꽂느라 오래 걸린 거였어요.” 금방이라도 울 것 같은 목소리로 이든이가 이야기했다. 순간 당황했다. 그리고 책꽂이를 보니, 정말 막 꽂은 것이 아니라 종류 별로 야무지게 꽂혀 있었다. 아이는 나름대로 최선을 다해 정리하고 있었던 것이다.

더 부끄러운 것은 그때 나는 아이에게 바로 사과하지 못했다. 사과하면 교육이 실패할 것 같다는 핑계로 오히려 단호하게 한 번 더 이야기했다. 솔직히 뭐라고 했는지도 잘 모르겠다. 아마 “책을 잘 꽂는 게 중요한 게 아니라, 바닥에 아무것도 없이 청소하는 게 중요하다.” 하지 않았을까? 이제 보니 정말 말도 안 되는 이유다.

그런 나를 다시 돌아보는데, 그렇게 자신하던 나의 모습이 부끄러웠다. 나는 아이의 이야기를 들어주지 않았다. 이해하려고 하지 않았다. 오히려 강압적으로 이야기하고, 폭력적으로 강요했다. 그래서 조금 지나 아들에게 미안하다고 이야기했던 기억이 있다.

지금 우리 아들, 딸이 아빠로서의 나를 평가 한다면 몇 점이나 될까?

다윗의 아버지 이새는 다윗을 차별하는 부족한 아빠였다. 그리고 반대로 그가 먼저 난 아들들을 편애하는 아빠였다. 사무엘이 이새의 아들에게 기름 부어 이스라엘의 왕이 되게 하라는 하나님의 명령에 그의 집을 방문했을 때, 이새는 다윗은 부르지 않고, 그의 나머지 일곱 아들을 사무엘에게 보인다. 후에 이새는 골리앗과의 전투로 유명한 블레셋과의 전투 중에도, 그의 첫째부터 셋째 아들의 끼니와 안부를 위해 막내아들인 다윗을 보낸다. 그 위험한 전쟁터에 말이다. 이새를 아버지로 둔 다윗은 아버지의 자식을 향한 미숙한 사랑으로 적지 않은 상처를 받았을지 모르겠다.

그런데 안타까운 것은 다윗도 자식을 향한 미숙한 사랑을 한 아버지로 성경이 기록한다는 것이다. 다윗은 자신의 자녀, 암논의 죄를 제대로 훈계하지 않는다. 후에 그 일로 그는 자녀를 잃게 된다. 뿐만 아니다. 그의 아들 압살롬을 제대로 훈육하지 못하여, 그는 도망자 신세가 되기도 했다. 어디 그뿐인가? 솔로몬이 왕이 되기 직전, 반역을 저지른 아들 아도니야를 설명하는 말씀은 그를 이렇게 묘사한다.

"그는 압살롬 다음에 태어난 자요 용모가 심히 준수한 자라 그의 아버지가 네가 어찌하여 그리하였느냐고 하는 말로 한 번도 그를 섭섭하게 한 일이 없었더라"

이새의 미숙한 사랑으로 상처받은 다윗도 결국 이새와 같이 미숙한 사랑으로 자녀와 나라를 괴롭게 한 아버지가 되어 있다. 부모는 자신감으로 되는 것이 아니다. 어떤 경험으로 되는 것도 아니다. 어쩌면 부모야말로 겸손함 가운데 되어져 가는 존재이지 않을까? 준비되어 부모가 되는 사람은 없다. 다만 지금도 하나님 아버지께 배우는 마음으로 겸손하게 기도하며 나아갈 때, 조금은 덜 미숙한 부모로 살아갈 수 있지 않을까?

여전히 나는 부족한 아빠다. 자주 실수하고, 종종 아이들을 노엽게 하며, 매일 후회하는…. 그렇게 어쩔 줄 몰라 하는 초보 아빠다. 그래서 겸손히 오늘도 구한다. 하나님의 지혜로 아이들과 함께 하는 양육자가 되게 해달라고….

하나님은 임마누엘 (신앙에 관하여)

아빠! 하늘나라는 어디 있어?

내가 사는 인천 불로동은 비행기가 꽤나 가깝게 보이는 곳이다. 가만히 교회 마당 앞에 서 있으면 비행기들이 김포공항에 착륙하기 위해 고도를 낮추는 것이 보인다. 아이들은 비행기가 보일 때마다 이야기했다. "아빠, 우리는 언제 비행기를 타?" 그 이야기를 듣고 물론 아이들의 소원대로 비행기 태워주고 싶었지만, 4명의 비행깃값을 마련하는 것은 쉽지 않았다.

아이들을 키우면서 이런 것이 참 어렵다. 해주고 싶은 것을 다 해줄 수 있으면 좋겠는데 종종 그러기 힘들 때가 있다. 어쩌면 앞으로 이런 일들은 더 많아지지 않을까? 그래도 나름 최선을 다해 아이들 비행기를 태워줄 방법들을 고민했다. 그중의 하나가 왕복으로 비행기표를 사기에는 조금 부담스러우니, 양양까지 아내와 아이들이 편도로 비행기를 타고 가고, 나는 차로 양양까지 가서 픽업하는 것이었다. 그런데 그 아이디어를 듣고 아내가 기각했다. 비행기에서 아이들 챙길 생각하면 힘들다나 뭐라나….

그래도 감사하게 정부에서 우리 아이들 소원 들어주라고 자녀 장려금과 근로 장려금을 주었다. 뜻밖의 선물이었다. 우리 부부는 두 번 고민하지 않고 아이들의 소원을 들어주기 위해 제주도행 비행기표를 샀다. 드디어 우리 아이들, 멀리서만 보던 비행기를 태워줄 수 있게 되었다. 아이들은 비행기를 탄다는 말에 일주일 전부터 신이 났다. 여기저기 민망하게 비행기 타러 간다고 자랑하고 다녔다. 누가 들으면 우리 집에 돈이 엄청 많은 것으로 알았을지 모르겠다.

드디어 비행기를 타는 날, 아이들은 이른 아침에 공항에 가는데도 에너지가 넘쳤다. 공항에 도착해서 조금은 긴 수속을 끝내고 아이들과 함께 비행기에 앉았다. 그때까지 아이들은 신나서 재잘거렸다. 그리고 비행기가 움직이기 시작했다. 아이들은 그때부터 긴장했는지 조용해졌다. 비행기가 속도를 내고 드디어 공중에 뜨기 시작했다. 나는 비행기가 뜨는 것보다 아이들의 얼굴이 더 궁금했다. 그래서 아이들만 뚫어져라 보고 있었다. 아이들은 어떤 소리도 내지 않았지만, 눈으로 소리를 지르고 있었다.

"우와"

아이들은 창문에서 눈을 떼지 못했다. 점점 작아지는 땅 위의 건물들과 자동차들, 바로 옆에 떠 있는 구름까지 아이들은 동그란 눈으로 그것들을 뚫어져라 쳐다보았다. 기압차로 귀가 불편했을 텐데도 별로 신경도 안 쓰는 듯했다. 그리고 구름 위로 비행기가 올라섰다. 가파르게 올라가던 비행기가 고도를 유지하며 운행하기 시작했고, 신비로운 하얀 구름 위가 보였다. 그 모습을 한참 보던 아들은 갑자기 이렇게 물어보았다.

"아빠! 하늘나라는 어디 있어?"

하늘로 올라왔는데 하늘나라는 보이지 않으니 한 질문이겠다. 그 질문에 나는 이렇게 답을 해주었다.

"하늘나라는 진짜 하늘에 있어서 하늘나라라고 하는 게 아니야! 하나님이 다스리시는 좋은 세상을 이야기하는 거야. 교회 앞 마당에서 하늘 볼 때는 하늘 위가 이렇게 아름다울지 몰랐지? 땅에서는 하늘 위를 알 수 없듯이, 하나님 나라는 우리가 상상도 못 하게 좋은 세상일 거야. 하나님이 직접 다스리시는 나라니까! 우리 나중에 꼭 그 세상에서 함께 살자!"

아이에게 이렇게 설명했지만, 아쉬움이 참 많이 남는다. 당시 유아부에서 매일 하던 찬양이 있다. "무지개를 타고서"라는 제목을 가진 찬양이었는데 마지막에 '슝'하고 아이를 안고 들어주는 안무가 있어서 아이들에게 인기가 많던 찬양이다. 내용은 이렇다. "무지개를 타고서 윙윙 날아가보자 / 하늘나라는 어디쯤 있을까 / 눈물 슬픔 없는 곳 / 천사들이 노래하는 하늘나라로~ 슝~"

이든이는 그 찬양과 그 찬양 안에 있는 율동을 하면서, 분명 하늘로 올라가면 하늘나라가 보이리라 생각을 한 것이다. 그도 그럴 것이 윙윙 날아가보면 있다지 않은가, 하늘나라가…. 그리고 이름도 "하늘나라"다. 듣기에도 하늘에 있을 것 같지 않은가? 그런데 막상 비행기를 타고 하늘로 "슝~" 올라왔는데…. 구름도 있고, 분위기는 무언가 신비로운데…. 그 찬양에서 이야기하는 '하늘나라'는 안 보이는 것이다. 얼마나 당혹스러웠을까? 이것이 참 아쉽다.

개역개정 마태복음에는 "천국"이라는 표현이 등장한다. 헬라어 "헤 바실레이아 톤 우라논(하늘들의 왕국"을 그렇게 번역한 것이다. 이것을 한글로 하면 "하늘나라"이다. 그런데 이미 많은 신약학자들이 책에서 지적하는 것처럼, 그 나라가 하늘에 있기 때문에 천국이라고 한 것이 아니다. 하나님을 직접적으로 언급할 수 없던 당시에 유대계 그리스도인들이 하나님을 "하늘"로 바꾸어 표현한 것이 천국인 것이다.

그래서 나는 '천국' 혹은 '하늘나라'라는 표현은 신앙을 처음 갖는 사람들에게 혼돈을 줄 수 있다고 생각한다. 그 나라가 하늘에 있는 나라라고 말이다. 아이들이나 초신자들에게 이야기할 때는 그

의미를 정확히 하기 위해 '하나님 나라'라는 표현을 쓰는 게 맞겠다. 그래서 나는 집에서 아이들과 그 찬양을 부를 때도 하늘나라를 하나님 나라로 바꾸어 부르기도 했다.

단어 하나를 쓰는 것도 아이에게 참 많은 영향을 끼친다. 지금도 아무 의식 없이 쓰는 그 말 때문에 우리 아이들이 헷갈릴 수 있다. 신앙은 고민하는 것이다. 아이들은 그런 면에서 정말 멋지게 신앙하고 있다. 왜? 라고 묻고 있지 않은가? 다만 우리가 문제이다. 관성적으로 생각하고 교육하다 보면 아이들도 나도 헷갈리게 된다. 그러니 질문해야 한다. 정말 그러한지 말이다. 그래야 비행기 타고 올라간 하늘에서 아이들이 실망하지 않을 것이다.

아빠! 살인자 모세는 어떻게 리더가 됐어?

아이를 키우며 성경의 이야기가 다르게 느껴지는 순간들이 있다. 아이를 낳기 전에는 다윗과 골리앗의 이야기가 그렇게 잔인한 이야기인 줄 몰랐다. 한번은 아이들에게 슈퍼윙스나 뽀로로 같은 만화보다 성경의 이야기로 만든 만화를 보여줘야겠다고 생각했다. 가장 처음 생각난 것이 다윗과 골리앗 이야기였다. 십중팔구 성경만화 하면 떠오를 이야기이지 않은가? 다윗이 하나님의 이름을 위해 싸울 때, 하나님도 그를 위해 싸우시는 은혜로운 이야기를 상상하며 영상을 찾아 틀어주었다.

그런데 영상을 보는데, 다윗이 골리앗을 향해 물맷돌을 던져 맞추는 장면, 그리고 그렇게 쓰러진 골리앗을 다윗이 참수하는 장면을 보며 '아차' 싶었다. '이게 이렇게 잔인한 내용이었구나!' 하면서 말이다. 성경은 물론 하나님의 말씀이기에 아이들에게 중요한

자양분이 되겠지만, 그것을 때에 따라 지혜롭게 아이들에게 먹여줘야겠다는 생각을 하게 됐다.

그중에 한 이야기가 바로 모세에 대한 이야기였다. 한번은 아이들에게 출애굽의 리더 모세에 대한 이야기를 읽어주었다. 모세가 애굽사람을 죽이고 도망갔지만, 하나님은 그를 사용하셔서 이스라엘 백성을 출애굽 시킨다는 내용이었다. 그런데 가만히 듣고 있던 이든이가 이렇게 질문했다.

"아빠! 사람을 죽이면 나쁜 거 아니야?"

"그렇지?"

"그런데 모세가 사람을 죽였잖아?"

"응, 이스라엘 동족들이 고통받는 것을 보고 도와주려다가 그랬나 봐!"

"근데 하나님은 왜 사람을 죽인 나쁜 모세를 사용하셨어?"

이 질문을 듣고 허를 찔린 듯했다. 사실 상식적으로 생각해도 선하신 하나님이 악한 사람을 사용하신다는 게 이상하지 않은가? 그래서 먼저 이든이에게 이렇게 대답해주었다.

"이든아, 많은 사람들 중에 왜 굳이 나쁜 모세를 사용하셨을지는 아빠도 모르겠어. 그것은 하나님만 아시겠지. 그런데 만약에 모세 말고 다른 사람을 선택했다고 해서, 그 사람이 하나님이 쓰시기에 좋은 사람일 수 있을까? 아빠는 그럴 수 없었을 것 같아. 왜냐하면 사람들은 다 부족하고 나쁜 부분이 있거든. 그런데 중요한 것은 모세는 자신의 죄를 부끄러워할 줄 아는 사람이었다는 거야. 그래서 회개한 사람이라는 거지. 하나님이 쓰시기에 완벽한 사람은 없어. 그런데 하나님이 쓰실 만한 사람은 있는 것 같아. 바로 회개한 사람. 아빠는 이든이도 회개하는 사람이 됐으면 좋겠어."

이든이에게 일장 설교를 늘어놓았지만, 고마운 질문을 한 이든이가 꼭 그런 사람이 되었으면 한다. 그리스도인이라 할지라도 세상을 살아가며 부족하고 연약한 모습을 보일 수 있다. 심지어 자신의 욕망과 욕심에 악한 일도 저지를 수 있다. 그런 것을 일절 안 하는 것이 그리스도인이라고 생각하지 않는다. 다만 그리스도인은 그것을 부끄러워할 줄 알고, 후회를 넘어 삶을 돌이키는 회개까지 가는 자들이다.

나는 이 회개가 그리스도인의 강점이라고 믿는다. 단순히 지옥 갈 죄를 용서받을 수 있기 때문이 아니라, 겸손히 자신을 돌아보고 반성하고 하나님 앞에서 결단하고 고치는 것이기 때문이다. 세상은 잘못하면 그것을 덮어버리고, 숨기는 것이 지혜로운 것이라고 이야기한다. 그런 약한 것들을 인정하는 것을 미련함이라고 이야기한다.

하지만 그리스도인은 매 순간 자신의 약함을 직면하고, 반성할 뿐 아니라 회개한다. 나는 내가 그런 사람이 되길 원하고 내 자녀가 그런 사람이 됐으면 좋겠다. 완고하여 잘못을 인정하면 내가 없어질 것처럼 두려워하는 사람이 아니라, 그 잘못 앞에 정직하게 서서 돌이킴으로 진짜 더 나은 사람이 되어가기를 소망한다.

내가 사랑하는 신학자 김균진 교수는 그의 책 『기독교 신학 2』에서 이렇게 이야기했다.

"그리스도인의 삶은 존재에 있지 않고 되어감에 있다. 승리에 있지 않고 투쟁에 있으며, 의에 있지 않고 칭의에 있으며…. 깨끗함에 있지 않고 깨끗하게 됨에 있다."

우리가 잡은 줄 알고 살지 않고, 달려갈 길과 주 예수께 받은 사명을 위해 달음박질하며 살아가기를 바라본다.

아빠! 진짜 예수님이 부활하셨어?

부활절 주일을 마치고 아이들이 잠들기 전, 기도해주려고 하는데 아들이 물었다.

"오늘이 예수님이 죽었다가 살아나신 날이야?"

"응, 그것을 기억하기 위해 정한 날이야!"

"예수님이 진짜 죽었다가 살아나셨어?"

"그럼~ 우리를 위해 십자가에서 죽으시고, 부활하셨지?"

"에이 죽은 사람이 어떻게 다시 살아나! 나는 못 믿겠어!"

처음 질문을 듣고 '올 것이 왔구나.'라는 생각을 했다. 이제는 엄마 아빠 말이 다 맞는 것이라고 생각하던 시간이 지난 것이다. 사실 7년이나 산 우리 아들은 그사이 죽음을 두 번이나 목격했다.

나의 친할아버지가 돌아가시는 것을 3살쯤 보았고, 안산에 사시던 아내 외할아버지의 죽음을 5살쯤 경험했다. 특별히 안산에 사셨던 아내의 외할아버지는 아이에게 특별한 추억이 있는 분이셨다. 아내가 둘째를 낳았을 때, 안산에서 이든이와 함께 산후조리를 했다. 그때 할아버지께서 이든이를 많이 예뻐해주셨다. 이든이는 할아버지께서 동네 길고양이에게 밥 주는 것을 신기해하며 옆에서 지켜보고 함께 먹이를 주기도 했다. 그래서 이든이는 할아버지를 안산 고양이 할아버지로 기억한다.

할아버지께서 돌아가시고 장례식장에 있을 때, 이든이는 그냥 해맑은 아이였다. 무슨 일이 일어났는지 전혀 파악하지 못하는 것만 같았다. 그런데 나중에 이야기해보니 모르는 것이 아니었다. 이든이도 어느 정도 알고 있었다. 죽음은 다시 만날 수 없는 것이라고 말이다. 보고 싶어도 볼 수 없는 것이라고…. 그냥 참아야 하는 것이라고…. 그래서 아마 이든이에게 부활이라는 것은 너무 어려운 이야기였을 것이다. 당장 안산 고양이 할아버지도 못 만나고 있는데 말이다.

그때 이렇게 답했던 것이 기억난다. "이든아! 맞아, 죽으면 이 땅에서는 다시 보지 못해. 그래서 너무 아쉽지. 아빠도 아빠 할아버지랑 할머니, 그리고 아빠가 좋아하던 친구와 사랑하던 제자가 먼저 이 땅에서 생명을 다해서 못 보게 됐어. 그래서 너무 아쉬워. 그런데 성경은 그렇게 아쉬워만 하지 않아도 된다고 이야기 해준다? 왜냐하면 완전한 하나님 나라가 예수님을 믿는 자들에게는 약속됐다고 하셨거든. 예수님이 부활하신 것은 바로 우리가 그렇게 부활할 것을 미리 알려주신 거야."

나도 짧은 세월 살았지만, 그사이 참 많은 분들의 죽음을 목격했다. 할아버지, 할머니의 죽음, 대학교 친구의 죽음, 그리고 내가 사역했던 교회 제자들의 죽음…. 아직도 믿기지 않는다. 연락하면 받을 것만 같다. 그래서 그들의 죽음을 생각하면 너무 괴롭고 슬프다. 아마 우리 아들도 8년 동안 2번의 죽음을 목격했으니, 앞으로 더 많은 죽음을 보며 살게 될 것이다. 언젠가 하나님이 허락하시면 나의 죽음을 볼 수도 있겠지. 그 죽음으로 인한 아픔은 해결되는 문제는 아닌 것 같다. 시간이 많이 지났음에도 지금 다시 그들을 생각하면 울컥울컥하는 것을 보면 말이다.

하지만 감사한 것은 그리스도인에게는 부활이 약속되어 있다. 그것이 참 큰 위로인 것 같다. 죽음이 끝이 아니라는 것 말이다. 그것이 그 큰 상실감 속에도 소망, 기대감을 품을 수 있게 만들기 때문이다. 부활, 사실 사람의 말로 이것을 완전히 설명해 줄 수는 없다. 하지만 나에게 부활이 위로이자 소망이 되듯, 우리 아들에게도 그렇기를 바란다. 바라기는 하나님께서 우리 자녀를 만나주셔서 그 부활로 위로받고, 또 그 부활을 기대하는 자로 만들어주시기를 간절히 기도해본다.

혼자여도 괜찮아
(살아가는 삶에 대하여)

아빠! 재네끼리만 놀아!

예상은 했던 일이지만, 아이가 자라면서 내가 함부로 끼어들 수 없는 관계들이 생겨나고 있다. 부모가 전부였던 세상에서 어린이집에 가고 교회를 가며 이든이도 자기 나름의 세계가 생겨나고 있다. 그런 아이를 바라보며 한편으로는 물가에 내놓은 아이를 보는 것 같이 불안하고, 한편으로는 조금씩 내가 없어도 되는 한 명의 사람으로 잘 자라 주고 있는 것 같아서 감사하다.

한번은 이든이가 시무룩하게 곧 울 것 같은 얼굴로 집에 들어왔다. 대충 이야기를 들어보니 친구들과의 문제였다. 친구들이 자기와 놀아주지 않는다는 것이다. 그 당시에 이든이가 어린이집에서 주로 놀던 친구들이 있었다. 편의상 민수와 요한이라고 이야기하겠다. 감사하게 몇 번 그 친구들을 본 적이 있는데, 이든이를 포함한 세 친구의 성향이 달랐다.

민수는 자아가 강한 친구로 보였다. 이 친구는 주변에 친구들이 같이 놀아주든지 놀아주지 않든지 상관하지 않았다. 자기가 하고 싶은 방식으로 놀면 그만이었다. 이게 또 묘한 매력이라서 주변에 다른 친구들도 그 친구가 있으면 같이 놀기를 즐겨했다. 다른 친구, 요한이는 어떤 방식으로 놀든 재미있기만 하면 그만이었다. 그래서 이든이와 민수 사이에서 함께 잘 노는 친구다. 재미있기만 하면 되니까 말이다.

그런데 내가 옆에서 본 이든이는 주도하고 싶은 욕심이 있는 친구다. 무슨 놀이를 해도 이상한 규칙을 만들어서 그 방식대로 놀자고 이야기를 한다. 그러다 보니 주변 친구들이 조금 피곤해하는 것 같기도 하다.

그러다 보니 이 관계 속에서 종종 이든이가 소외되는 상황이 있었던 것 같다. 아마도 자기 방식대로 놀자고 하는 이든이보다, 남이 따라오든지 말든지 자기 방식대로 노는 민수가 요한이에게는 더 매력적이었던 것 같다. 그래서 민수가 없을 때는 이든이와 요한이가 잘 놀지만, 민수가 나타나면 요한이가 민수랑 노느라 이든이랑 놀아주지 못한 것이다. 이 관계 속에서 이든이가 섭섭함과 소외감을 느낀 것이다.

부모 된 입장에서 이든이가 무리에 리더였으면 하는 마음이 왜 없겠나? 그런데 그것도 재능인 것 같다. 그래서 금방이라도 울 것 같은 이든이를 달래며 이렇게 이야기 해주었다.

"이든아, 다른 사람들이 너의 뜻대로 움직여주지 않아서 속상하지? 맞아 그럴 수 있어. 그런데 그건 너의 욕심일 수 있어. 너도 다른 친구나 예봄이가 네가 하기 싫은 것 하자고 하면 싫잖아. 다른 친구가 네 뜻대로 안 놀아주는 것은 진짜 어쩔 수 없는 거야. 그래서 아빠는 네가 혼자서도 잘 노는 사람이 됐으면 좋겠어. 네가 재밌게 놀고 있으면 다른 사람도 궁금해서 너에게 찾아오고, 함께 하고 싶지 않을까?"

세상을 살다보면, 그런 순간이 있다. 내 마음 같지 않은 사람을 만나고 환경을 만나는 순간 말이다. 그래서 혼자여도 괜찮은 사람이 되는 것이 중요하다.

생각해보면, 성경에서 나오는 많은 믿음의 조상들은 대부분 혼자였고, 그 혼자일 때 괜찮은 사람으로 연단을 받았다. 믿음의 조상이라는 아브라함을 생각해 보라. 그는 본토 친척 아비 집을 떠나온 사람이었다. 이삭도 그의 평생에 동역자라 할 만한 사람이 없는 삶을 살았다. 그의 아내와 자식들도 그를 속였고, 그와 동맹을 맺은 사람들도 그를 괴롭게 했다. 야곱도 형제와 척지고 살고, 아내들은 서로 질투하며 싸우고, 자녀들도 서로 미워하고 싸우는 관계 속에 살지 않았는가? 그리고 모세도 애굽에서 도망쳐 40년 동안 혼자 광야에서 훈련받는 시간을 갖게 하셨다. 하나님은 그 혼자의 시간을 잘 지키고 혼자 있을 때 괜찮은 사람을 부르시고 그를 통해 공동체를 세우셨다.

나도 우리 아들딸도 앞으로 살아갈 세상에서 하나님의 좋은 역할을 감당하기를 원한다. 그렇게 하기 위해서는 지금 내가 혼자 있을 때도 건강하고, 경건하고, 은혜 충만한 자가 돼야 할 것이다. 우리가 정말 그랬으면 좋겠다.

사랑하는 아들! 가장 중요한 것은 혼자여도 건강하고, 혼자여도 행복해야 한다는 거야. 우리 그렇게 건강하게 살아보자!

아빠! 아빠가 외로울까봐 내가 왔어!

2020년 겨울, 그 끔찍했던 3일은 아직도 잊히지 않는다. 그 해는 많은 사람들이 기억하듯 코로나가 온 세상을 덮었던 해이다. 그 당시 코로나의 공포는 엄청났다. 수많은 사람들이 코로나로 인해 괴로워했을 뿐 아니라 죽기도 했으니 말이다. 그 공포는 코로나 걸린 사람에 대한 혐오로 이어졌다.

그런데 불행히도 바로 그때, 내가 코로나에 걸렸다. 금요예배를 마치고 두통이 심해서 집에 들어가 쉬었는데 다음 날이 되어도 괜찮아지지 않았다. 그래서 혹시나 하는 마음에 코로나 검사를 하였고 결국 확진 판정을 받게 되었다. 그때 정말 만 가지 생각이 들었다.

혹시 나로 인해 코로나에 걸리신 분이 있을까? 내일 주일인데 교회가 폐쇄되면 어떡하지? 나랑 조금이라도 가깝게 만난 사람들은 특별한 증상이 없어도 자가 격리를 해야 하는데, 성도님들의 직장이나 가정은 어떡하지? 나 때문에 우리 교회가 재난문자에 언급되고, 뉴스에도 나올 것이 뻔한데…. 그래서 교회가 욕먹고, 하나님을 믿는 그리스도인들이 비하당하면 어떡하지?

우리 아내는 그때 내가 죽으면 어떡하지부터, 회복이 되어도 교회는 사임해야 하지 않을까 생각을 했다고 한다.

확진 받은 다음 날, 나는 무의도에 있는 확진자 생활치료센터로 이송되었다. 센터에 도착하고 처음 침대에 누웠을 때, 여전히 복잡한 마음이었지만 그래도 집에서 나올 수 있음에 감사했다. 혹시나 집에서 격리하는 나로 인해 우리 가족까지 감염되면 너무 마음이 어려울 것 같았다. 그리고 그쯤부터 여러 성도님들과 청년들에게 많은 위로의 문자들을 받았다. 내 탓이 아니라고…. 빨리 회복하라고…. 힘내라고…. 정죄감으로 괴로웠던 내 마음이 그 문자들로 많은 위로를 받았다.

그렇게 마음을 추스르려고 하는데…. 나를 완전히 무너지게 하는 소식이 하나 들려왔다. 내 아들 이든이가 확진되었다는 소식이었다. 울음을 참으며 아내가 전하는 이야기를 듣는데, 당황하지 않은 척 최대한 괜찮은 척했지만, 너무 미안하고 무섭고 괴로웠다. 전화를 끊고 마음을 다스릴 수가 없어서 옆 사람 들리지 않게 베개에 얼굴을 박고 눈물을 흘렸다.

게다가 당시에 그렇게 어린아이가 확진되어 치료보호센터에 들어왔던 사례가 없었던 것 같다. 보건소 직원과 센터직원도 어찌해야 할지를 몰라 했다. 자칫하면 이든이가 나와 함께 생활을 못 할 수도 있었다. 그때 이든이가 4살이었다. 그 어린아이가 아빠 없이 모르는 사람과 격리 생활을 할 수도 있었다는 것이다. 그때 염치불고하고 계속 항의 전화를 했다. 나도 모르게 언성도 높아졌다. 그만큼 정신없이 간절했다.

그래도 감사하게 그 모든 상황이 잘 해결되었다. 이든이가 내가 있는 병상으로 올 수 있게 된 것이다. 그리고 이든이가 오는 날, 원래는 격리된 방에서 절대로 나오면 안 되는데 아이가 많이 어리니까 방에서 나와서 건물 현관에서 아이를 데려갈 수 있도록 센터에서 배려를 해주셨다.

그래서 현관으로 가서 이든이를 기다리고 있는데, 멀리서 구급차가 들어오는 것이 보였다. 그리고 거기에서 이든이가 내렸다. 그 어린 아이가 엄마 아빠도 없이 구급차에 타서 이 먼 곳까지 왔다는 생각을 하니까 마음이 무너져 내리는 것 같았다. 격리시설로 오는 구급차에는 한 명만 타는 것이 아니다. 이곳저곳에 흩어져 있는 확진자들이 함께 타고 이동한다. 그러니까 길게는 2~3시간도 차를 타야 한다는 소리다. 이든이는 엄마 아빠도 없이 혼자 그 차를 타고 나에게 온 것이다. 그런 아들을 보는데 어떻게 안 울 수 있겠는가? 흐르는 눈물을 닦으며 이든이를 안고 방으로 뛰어갔다.

방에 들어가 이든이를 보는데, 속에서부터 복받쳐 올라오는 감정 때문에 소리내어 울어버렸다. 이든이가 내가 울고 있다는 것을 알면 불안해할까 봐 안 보이게 하려고 이든이를 꼭 안고 내 얼굴은 보여주지 않았지만, 이든이도 알았을 것 같다. 입을 막아도 나는 그 소리를 이든이도 들었을 테니까…. 그렇게 한참을 울다가 조금 진정이 되어 다시 이든이 얼굴을 보았다…. 그런데 이 자식은 무엇이 좋은지 웃고 있었다. 우는 아빠가 재미있었을까? 아니면 못났지만 그래도 아빠라고 반가워서였을까?

여기저기 두리번거리며, 아빠 얼굴도 봤다가, 밖의 풍경도 봤다가, 방 안에 있는 침대도 봤다가, 그렇게 호기심 가득한 얼굴로 웃고 있는데, 너무 미안해서…. 또다시 눈물이 났다. 그래도 울음을 참고, 오랜만에 본 아들 얼굴을 계속 보고 있었다. 그때 이든이가 나한테 말했다.

"아빠, 아빠가 아픈데 혼자 있어서 힘들까봐, 같이 있어 주려고 내가 왔어."

어떻게 그런 말을 할 수 있었을까? 어쩌면 어떤 말로도 해결될 수 없던 나의 괴로운 마음을 하나님께서 이든이를 통해 그렇게 위로해 주신 것은 아닐까…? 나는 지금도 그 말을 하는 이든이의 표정, 어눌한 말투가 생각이나 울컥한다. 진심으로 고마웠다. 내 평생에 그런 위로를 또 받을 수 있을까 싶을 정도로 말이다. 사실 이든이가 실제로 나를 도와 줄 수 있는 것은 없다. 4살짜리 아이가 무엇을 도와주겠나…. 심지어 그때는 가끔씩 똥, 오줌도 실수하던 때인데 말이다.

그런데 내가 힘들까봐…. 자기가 왔다고 한다. 내가 외로울까봐…. 같이 있어 주고 싶다고 한다. 그 말이 못난 아빠였던 나에게 너무 큰 위로였다. 아들이 나와 함께 해준다는 것, 아들이 내 마음을 알아준다는 것…. 그 자체가 너무 큰 위로였다.

그 이후로 퇴원도 하고, 여러 가지 상황이 좋아지는 것을 경험했다. 그리고 그때는 코로나로 격리되고 나면 지원금도 많이 주었다. 그렇게 몸도 회복되고, 돈도 받고, 선물도 받고, 위로의 말들도 많이 들었지만, 나는 아들이 해줬던 그 말 만큼 나에게 위로가 된 것이 없다. 이든이가 나에게 와준 것만큼 감동이 되고 기억이 되는 것이 없다.

예수님은 풍랑을 만난 제자들에게 물 위를 걸어 찾아오셨다. 이 말씀을 묵상할 때 나는 두 가지가 이상했다. 먼저는 예수를 따르던 제자들에게 왜 풍랑이 찾아왔을까 하는 것이다. 하나님을 믿고 예수를 따르면 좀 그런 일들은 없어야 하는 것 아닌가? 그런데 반대로 생각하면, 예수님의 제자들에게도 그런 일들이 있었다. 성경이 왜 그래야 하는지에 대해서는 명확히 이야기 해주지 않기에 잘 모르지만, 그것은 어쩔 수 없는 것 같다. 믿는 자에게도 알 수 없는 고난이 찾아오는 것 말이다.

두 번째로 의문은 왜 예수님은 물 위를 걸어오셨을까 하는 것이다. 그냥 풍랑만 잠잠하게 해주시면 안 되는 것이었을까? 왜 굳이 수고스럽게 풍랑 속에 있는 제자들을 찾아오셨을까? 그것은 그렇게 찾아와 함께 해주시는 것이 바로 하나님의 사랑법이기 때문이다. 성경의 하나님은 항상 그렇게 문제 속에 있는 우리에게 찾아오신다. 해결은 그다음이었다.

그 대표적인 것이 예수님의 성육신이지 않을까? 하나님의 목적이 단지 죄의 해결을 통한 우리의 구원이라면, 예수님은 성육신하셔서 우리와 같은 삶을 사실 필요가 없었다. 단지 우리의 죄를 대속하기 위한 제물로서의 성육신만 필요했을 것이다.

하지만 성경이 보여주는 예수님의 성육신은 우리와 같은 삶을 사시는 성육신이었다. 이것에 대해 히브리서는 이렇게 고백한다.

“우리에게 있는 대제사장은 우리의 연약함을 동정하지 못하실 이가 아니요…. 모든 일에 우리와 똑같이 시험을 받으신 이로되 죄는 없으시니라.”

예수님은 우리와 똑같은 삶을 사신 분, 우리와 함께 사신 분이

시기에 우리의 연약함을 아시는 분, 그래서 진정으로 동정하시는 분, 우리의 아픔에 우리보다 더 마음 아파하시는 하나님이시다. 하나님은 기계적인 해결보다 함께함의 위로를 우선하시는 분이다. 해결이 아니라, 먼저 공감해주시는 하나님, 해결보다 먼저 나의 아픔을 알아주시고, 이해해 주시는 하나님, 그렇게 먼저 우리의 아픈 마음 위로하기를 원하시는 하나님이 바로 우리가 믿는 하나님이라는 것이다.

해결되지 않은 상황 속에서 이든이가 나에게 와줌으로 받았던 위로를 통해, 하나님의 함께해주심에 사랑을 묵상한다. 하나님은 자신을 임마누엘로 소개하신다. 그의 백성과 함께하시는 하나님이라는 것이다. 그거면 되지 않겠는가? 산적한 문제들이 여전히 있는 삶을 살지만, 우리를 사랑하시는 하나님이 함께 해주신다지 않은가?

우리 하나님은 돈 던져주고 성공 던져주며, 내 마음과 내 삶에는 전혀 관심 없는, 알지도 못하는, 초월하시기만한 하나님이 아니라, 내재하셔서 우리의 아픔을 위로하시는 하나님이시다. 이 사실이 우리의 삶에 힘이 되고 위로가 되기를 바란다. 하나님이 함께하신다. 그거면 됐다.

아빠! 왜 홍성 할머니는 두 명이야?

최근 이든이가 한 질문 중에 가장 답하기 어려웠던 질문이다. 내가 왜 부끄러워야 하는지 모르겠지만 부끄러운 내 가정사를 이야기하자면, 나의 아버지와 어머니는 이혼하셨다. 어른들의 복잡한 이야기는 각설하고, 현재 상황으로 보자면 이든이가 홍성(내 고향)에 내려가서 방문해야 하는 조부모의 집은 두 곳이다. 나의 아빠의 집과 엄마의 집이다. 아빠 집에는 아빠와 같이 사시는 아주머니가 계시다. 그 아주머니는 이든이와 예봄이를 정말 예뻐해주신다. 갈 때마다 맛있는 과일을 준비해주시고, 맛있는 밥도 사주시곤 한다.

물론 나의 어머니도 이든이와 예봄이를 정말 많이 예뻐해주신다. 왜 아니겠는가? 내가 자주 내려가지 못해서 그렇지, 항상 기도해주시고 보고 싶어 하신다. 간다고 하면 모르긴 몰라도 청소부터 해서 난리가 나시는 것 같다. 그래서 이든이와 예봄이는 홍성에 내려가면 원래 받을 사랑에 두 배를 받고 온다고 나 혼자 생각한다. 실제로도 이든이와 예봄이를 보면 홍성에 내려가는 것이 전혀 불편해 보이지 않았다.

그런데 아마도 인천에 계신 나의 처가의 가정과 나의 부모님의 가정이 다른 것을 이든이가 이상하게 생각했던 것 같다. 엄마의 부모님인 인천 할머니 할아버지는 한 분씩인데, 홍성 할머니는 두 분이니까 말이다. 그리고 이든이가 경험하는 가정인 나와 아내가 이룬 가정과 비교해도 이상했을 것이다. 그래서 갑자기 홍성으로 내려가는 차 안에서 이렇게 질문한 것이다.

"아빠, 그런데 왜 홍성 할머니는 두 명이야?"

솔직히 그 질문에 머리가 하얘졌다. 언젠가는 답해줘야 할 문제라고 생각했지만, 그게 지금일지는 몰랐다. 그래서 한참 고민하다가, 이든이에게 양해를 구했다. "이든아, 이건 아빠가 조금만 더 고민하고 이야기 해줄게."

말은 그렇게 했지만, 어떻게 답을 해야 할지 몰랐다. 그래도 두 가지 마음은 있었다. 먼저는 예수님이 말씀하신 것처럼 "하나님이 짝지어 주신 것을 나누지 못한다"는 것, 그래서 그 가정을 지켜야 하는 것에 대해서 이야기 해주고 싶었다. 그래서 이든이가 미래에 이룰 가정에 대해서도 책임 있게 생각하기를 바랐다.

또 한편으로는 예수님께서 간음한 여인을 향한 사람들의 정죄의 돌을 막아주신 것을 생각했다. 그래서 이든이가 함부로 남을 정죄하는 마음은 갖지 않기를 바랐다. 그렇게 대답할 말의 방향은 정했다. 하지만 여전히 나에게는 지혜가 부족했다. 이 말을 어떻게 이든이가 이해하기 쉽게 이야기해야 할지 고민이었다. 그렇게 약속한 날이 됐다. 이제는 죽이 되든 밥이 되든 답은 해야 했다. 약속은 지켜야 하니까…. 밤에 자기 위해 누운 아들에게 가서 이렇게 말해주었다.

"이든아, 아빠의 엄마, 아빠는 서로 같이 살 수 없는 상황이 생겨서 결국 같이 살지 못하게 되셨어. 아빠도 그것을 생각할 때 참 슬프다. 원래는 그러면 안 되는 거니까…. 그런데 어쩔 수 없는 이유가 있었대…. 그런 일들이 있더라고. 살다보면 어쩔 수 없는 일들이 생기더라고…. 그래서 이든아, 가족을 위해서도 기도해야 하는 거야. 우리 가족이 서로 더 사랑하게 해달라고, 또 가족이 안전하게 해달라고…. 아빠, 엄마가 이든이를 위해 기도하는 것처럼 이든이도 아빠 엄마를 위해 꼭 기도해줘."

솔직히 이든이 입장에서 시원한 대답은 아니었던 것 같다. 하지만 그래도 이야기 할 수 있음에 감사했다. 요즘 주변에 이혼 가정이 정말 많아졌다. 처음 엄마 아빠의 이혼에 대한 이야기가 나올 때는 "왜 나만…."하며 자기연민에 빠져, 부모님을 원망하기도 했었다. 그때도 이혼은 많이들 하셨지만, 지금만큼은 아니었다. 그리고 지금보다는 이혼을 부끄러워하는 분위가 있었다. 그런데 이제는 너무 많을뿐더러 이혼이 숨길 문제도 아니라고 생각하는 분위기가 되어있다.

예수님은 "하나님이 짝지어 주신 것을 사람이 나눌 수 없다."고 분명히 말씀하셨다. 모세의 율법을 근거로 이혼을 가볍게 생각하는 그 당시 사람들에게 경고하시며 말씀하신 것이다. 그렇다고 예수님께서 5번 이혼한 수가성 여인과 상종하지 않으신 것이 아니다. 오히려 그의 마음을 알아주시고 그의 갈증을 해소시켜 주셨다. 심지어 간음한 여인도 보호해주시지 않으셨던가?

아이에게 부모의 이혼은 분명히 큰 상처다. 우리 부모님이 갈라서신 것은 내가 군대 다녀온 이후였다. 그런데 그때도 괴롭더라. 그때면 이미 사회적으로는 다 큰 성인인데도, 그렇게 마음이 어려웠다. 집을 잃어버린 느낌이랄까…? 그래서 행복한 가정은 아이에게 줄 수 있는 가장 기본적이면서도 가장 큰 선물이라고 믿는다. 아이도 그것을 감사하게 생각하고, 우리를 보며 그런 가정을 꿈꾸었으면 좋겠다.

그렇다고 우리 자녀가 그것만이 정상이라 여기고 당연하다 생각하며 그렇지 않은 사람들을 정죄하지는 않기를 바란다. 다 말할 수 없는 사정이라는 것이 있는 것이 있으니까…. 예수님처럼 그 아픔도 공감해 줄 수 있고, 동정해 줄 수 있는 사람이 되기를 바란다.

나는 리미티드, 그는 인피니트

김혜연

혜 캘리그라피 & 혜 타이포그라피
중앙대 민속학과(박물관학) 학사 졸업
한양대 문화인류학과(박물관학) 석사 수료
前, 삼성전자(인사팀), 한국민속촌(학예사) 근무

나이 마흔에 만난 하나님과 뜨겁게 사랑한 지난 10년의 기록

그분이 오셨어요

아는 사람 하나 없는 막막한 그곳에

때는 2014년. 전업주부. 40세. 술·담배 모르는 가정적인 남편과 함께 5살, 6살 연년생 두 딸을 키우며 알콩달콩 살아가던 평범한 가정주부였다. 직장이 인천인 남편을 따라 결혼과 함께 난생처음으로 인천, 그리고 인접한 김포에서 살게 되었다. 아는 사람 하나 없는 낯선 곳에서 '지역 맘카페(네이버)'는 생활에 큰 의지가 되어주었다. 그곳에서 알게 된 이웃 몇몇과는 스터디 모임도 갖는 등 자연스레 오프라인 교제로 이어졌고, 그렇게 만난 인연 중의 한 명이 바로 '경현 언니'였다. 온라인상에서 비록 글로만 주고받을 뿐이었지만 긍정적이고 밝은 에너지가 마구 전해지던 분. 한데 막상 만나보니 머리부터 발끝까지 공작새 마냥 화려한 외모에, 나와는 조금 다른 세계에 사는 듯한 이질감을 느꼈다. 하지만 도도해 보이는 첫인상과는 달리 소탈하고 싹싹한 성격과, 주변 사람을 무장해제 시키는 화통한 웃음소리 덕분에 금세 친언니처럼 믿고 의지하는 사이가 되었다. 서로의 집에 초대하여 함께 가족모임도 갖게 되면서, 남편들끼리도 호형호제하며 가족 같은 친밀한 사이가 되었다.

경현 언니와의 만남이 계속된 것은 단지 사람이 좋아서만은 아니었다. 무엇보다도 아버지를 향한 그녀의 확신에 찬 믿음이 나로 하여금 자꾸만 호기심을 불러일으켰다. 만날 때마다 아버지 이야기를 들려주곤 했는데,

그녀가 아버지라고 부르는 분은 바로 '하나님'이었다. 언니가 만난 하나님 이야기는 때론 오래된 소설 속 신화 같기도 하고, 연출된 영화에서나 나올 법한 시나리오 같기도 해서 솔직히 다 믿기지는 않았다. 날씨 좋은 날 함께 거리를 거닐 때면 때때로 민망한 상황이 생기기도 했다. 갑자기 하늘을 향해 두 팔을 벌리며, "이게 다 우리 아버지 작품이야! 오늘도 날 위해서 이렇게 멋진 나무와 꽃들을 준비해주셨네! 우리 아버지 진짜 최고지? 완전 멋쟁이!" 라며 아이처럼 큰소리로 기뻐하곤 했다. 주변 시선을 전혀 의식하지 않는 당당한 언니의 모습과는 달리, 부끄러움에 몸 둘 바를 모르던 나는 은근슬쩍 일행이 아닌 것 마냥 거리를 두고 걷기도 했다. 21세기 첨단과학 시대에 신이라니, 대체 이 무슨 황당무계한 말인가. 논리적이고 이성적인 가치관이 당연했던 나에게, 인본주의는 재고의 여지가 없는 엄연한 사실이었다. 자기주도적인 생활방식으로 주체적인 삶을 살아야 한다고 배워왔던 나에게, 내 인생은 나의 것이었다. 누가 뭐래도 내 삶의 주인은 나였다. 그런 내게 하나님이 주인이시라는 이야기, 신을 믿으라는 이야기가 당최 가당키나 하냔 말이다. 하지만 당찬 목소리로 일관성 있게 전하는 그녀의 눈빛을 보고 있노라면, 무턱대고 멋대로 지어낸 이야기나 거짓말은 아닌 것 같았다. 아니 그럼, 도대체 무어란 말인가. 도저히 믿기지도, 그렇다고 거짓말도 아닌 것 같은 하나님이라는 분에 대한 이야기들은….

그렇게 몇 달이나 지났을까. 만남이 차곡차곡 쌓여가는 만큼 어느새 내 속에도 하나님 이야기가 점점 차오르고 있었던 걸까. 여느 때처럼 점심 약속을 하고 만난 어느 날, 현대그룹 고 정주영 회장의 단골 맛집으로 소문난 식당에서 김치찌개를 먹다가, 나도 모르게 대성통곡을 하고야 말았다. 점심시간이라 그 큰 홀에 사람들도 바글바글했는데, 누가 보건 말건 신경 쓸 겨를도 없이 그야말로 펑펑 울어댔다. 그동안 언니를 통해 듣게 된 하나님 이야기들이, 가랑비에 옷 젖듯 나도 모르는 사이 서서히 가슴속에 스며들고 있었던가 보다. 그러다가 마침내 임계점을 넘겨버렸는지, 그때부터는 그분을 향한 갈망으로 인해 마음이 금방이라도 터져버릴 것만 같았다. 이후로는 언니를 만날 때마다 주체할 수 없는 눈물을 마구 쏟아내곤 했다. 그때는 그곳이 식당이든지 카페이든지 어디든 상관이 없었다. 참을 수 없이 북받쳐 오르는 뜨거움에 마냥 목 놓아 울었다.

'하나님, 제발 나도 만나주세요.'

딱 그 마음이었던 거 같다.

내 삶을 바꾼 밸런스 게임 : 당신의 선택은?

말도 안 되는 일이 벌어졌다. 그렇게 대성통곡이 시작된 지 얼마 지나지 않아 내 입술의 고백이 이어졌다. 사십 평생을 살아오면서 너무나도 확고했던 나의 삶의 가치관이 송두리째 뒤집혀 버린 것이다. 크게 두 가지가 바뀌었는데, 첫째는 인본주의가 아닌 '신본주의'를 신뢰하게 되었다는 것. 이제 더는 신을 부인하지 않게 되었다. 정확히는, 유일한 신이신 하나님을 인정하고 나아가 그분을 꼭 만나고 싶어졌다.

그리고 둘째는 능동태가 아닌 '수동태'적인 삶의 자세를 받아들이게 된 것이다. 주체적인 주인의식을 가지고 능동적으로 삶을 살아가야 한다고 확신했던 내가, 한순간에 수동태적인 삶을 살기를 소망하게 되었다. 하나님이 나의 주인 되어주시길 갈망하게 되었다. 지금은 어느새 익숙해지고 당연하게 돼버렸지만, 당시에 그리스도인들을 보며 느꼈던 이상한 점이 있었다. 그것은 바로 어딘가 어색한 화법을 쓰는 말투였다. 바로 수동태적인 어미를 쓴다는 점이다. 그럴 수밖에. 주인 되시는 하나님을 만난 그리스도인이라면, 모든 것은 내가 하는 것이 아니라 하나님께서 하게 하신 것임을 깨달았을 테니까. 그래서 '내가 해 냈어'가 아니라, '하나님께서 하게 하셨어'라고 수동태적인 어법을 쓰게 되는 것이다. 하나님의 주인 되심을 인정

하는 것이다. 수동태적인 삶의 자세를 받아들이면서 어느새 나의 말투도 점점 수동태가 되어가고 있었다.

이렇듯 내 인생의 커다란 가치관 두 가지가 처참히 붕괴되었다. 인본주의 VS 신본주의, 그리고 능동태 VS 수동태. 이 기막힌 밸런스 게임에서 난 기꺼이 새로운 변화를 선택했다. 40년을 반대로 살아왔으니 꽤나 억울할 법도 한데 어쩜 그리도 마음이 기쁘고 홀가분해지던지…. 정말 믿기지 않는 변화였다.

그런데 나, 아직 하나님 만나지도 못했는데 벌써부터 이렇게 변해버리면 어쩌자는 거지? 아니, 이러다 하나님을 제대로 만나기라도 한다면 진짜 어떡하려고 그래?

요한복음 3장17절 그리고 18절

하나님에 대한 궁금증이 커져갈 무렵, 경현 언니는 내게 성경 읽기를 권하였다. 특별히 주문 사항이 있었는데 그것은 창세기부터 시작하는 것이 아니라 '요한복음'을 먼저 읽어보라는 것이었다. (나중에 알게 되었는데, 지혜가 필요한 사람에겐 잠언을 권하기도 하는 등 읽는 대상에 따라 달리 추천한다고 한다)

가족들이 모두 잠든 늦은 밤에 빈방에 홀로 앉아 성경책을 펼쳤다. 요한복음 1장 1절 시작.

[말씀] 태초에 말씀이 계시니라 이 말씀이 하나님과 함께 계셨으니 이 말씀은 곧 하나님이시니라. (요한복음 1장 1절)

그렇게 한 줄 한 줄 읽어가다가, 익숙한 3장 16절에 이르렀다. 어렸을 적에 부모님 따라 주일학교를 다녔던 터라 찬양으로 기억 속에 남아있던 말씀이었다. '하나님이 세상을 이처럼 사랑하사 독생자를 주셨으니….' 그래, 이런 구절이 있었지. 이걸 여태 기억하고 있었네. 그리고 다음 구절. 바로 17절. 갑자기 방에 있는 모든 불이 꺼져버린 것만 같았다. 그리고 오직 성경책의 한 곳만이 빛나기 시작했다.

[말씀] 하나님이 그 아들을 세상에 보내신 것은 세상을 심판하려 하심이 아니요 그로 말미암아 세상이 구원을 받게 하려 하심이라. (요한복음 3장 17절)

순간 무언가에 세게 한 대 얻어맞은 것 같았다. 이럴 수가! 말도 안 돼! 내가 아주 하나님을 단단히 오해하고 있었구나! 그때까지 내가 생각하던 하나님은 심판자의 모습이었다. 죽어서 하늘나라에 가면 하나님 앞에 서서 각자가 지은 죄를 빠짐없이 읊어주고, 이래서 너는 천국이고 저래서 너는 지옥이라며 심판하시는 분. 그랬다. 머릿속에 그려오던 하나님의 모습은 오로지 무서운 심판자의 모습이었다. 그런데 하나님께서는 이런 나의 생각을 정확히 꿰뚫어 보시고 성경을 통해 정확히 짚어주고 계셨다. 살면서 지은 죄들을 낱낱이 살펴서 웬만하면 다 지옥으로 보내버리려는 무서운 심판자라고만 생각했는데, 아니다. 전혀 아니었다. 오해였다. 아니, 오히려 정반대였다. 어떻게 해서든 한 영혼이라도 더 구원받게 하시려고, 살리시려고, 지옥에서 건지시려고, 그리하여 천국에서 영원히 함께하려고 하시는 분이 바로 우리 하나님이시구나! 어떻게 여태 이걸 모르고 살아왔을까. 머릿속 어딘가에 자리 잡고 있던 뿌연 안개가 조금씩 걷혀가는 느낌이 들었다. 떨리는 마음을 진정시키며 다음 구절을 읽었다.

[말씀] 그를 믿는 자는 심판을 받지 아니하는 것이요 믿지 아니하는 자

는 하나님의 독생자의 이름을 믿지 아니하므로 벌써 심판을 받은 것이니라. (요한복음 3장 18절)

쿵! 심장이 멎는 것만 같았다. 죽음 뒤에는 무시무시한 심판이 기다리고 있다 했는데, 그를 믿으면, 단지 믿기만 하면 아예 그 심판조차 받지 않는다니…! 마치 천기를 누설한 듯한 실로 엄청난 순간이었다. 두근대는 심장이 금방이라도 터져버릴 것만 같았다. 더는 아무것도 할 수가 없어서 그대로 성경책을 덮고 거실로 나왔다.

캄캄한 한밤중, 남편과 아이들이 자고 있는 방으로 들어가지 않고 조용히 거실에 이불을 깔고 홀로 누웠다. 아무에게도 방해받고 싶지 않은 순간이었다. 한참을 뜬눈으로 말씀을 되뇌고 또 되뇌었다. 얼마나 지났을까. 어떻게 잠이 들었는지 모르겠는데 어느새 꿈을 꾸고 있었다. 꿈속에서 나는 어딘가를 향해 계속해서 "네, 맞아요~ 네, 맞아요~" 라며 대답하고 있었다. 잠에 취해서 간신히 몸을 반쯤 일으켜 대답하고 다시 누워 잠들고, 또 부르는 소리에 일어나 대답하고 다시 잠들고, 또 부르고…. 그렇게 몇 번이나 일어나고 눕고 또 대답하길 반복하다가 서서히 정신이 들며 상황 파악이 되기 시작했다. 달빛이 비치는 부엌 창가를 향해 나는 누군가에게 대답하고 있었고, 그런 날 향해 같은 질문이 계속되고 있었다. 자꾸만 반복되어 물어오던 그 질문은 바로,

“혜연아, 너 정말 나에게 돌아온 거 맞니? 너 정말 나에게 돌아온 거 맞지? 정말이지? 정말로 돌아온 거지?”

였다. 기쁨으로 눈물을 글썽이시는 모습이 마치 눈에 보이는 듯한 착각이 들 정도로 선명하고 감격에 겨워 울먹이시는 음성! 순간 정신이 번쩍

들면서 눕고 일어나기를 그치자 기다렸다는 듯이 해가 뜨며 날이 밝아졌다.
'세상에! 지금 무슨 일이 일어난 거지? 이런 거야? 나, 방금 하나님 만난 거야? 정말? 경현 언니가 말해주던 그 좋은 하나님이, 진짜 나한테도 찾아오신 거야? 제발 나도 좀 만나주시라고 그렇게 울어댔더니, 드디어 만나주신 거냐고!'
형용할 수 없는 감격이 차올랐다. 너무 놀라서 이러지도 저러지도 못하고 한동안 멍해 있었다. 무엇보다도 벅찬 감격에 감동을 더해주신 까닭은, 그분을 향한 나의 갈망이 있기 훨씬 오래전부터 이미 하나님께서 먼저 나를 만나고 싶어 하셨다는 것을 깨닫게 해 주셨기 때문이다.
'그동안 얼마나 기다리셨을까. 어떤 마음이었을까. 대체 얼마나 애타게 기다리셨길래 그렇게 몇 번이고 되물어보셨을까. 내가 다시 돌아온 게 얼마나 좋으셨으면 자는 딸을 자꾸만 깨워가면서까지 묻고 또 물어보셨던 걸까. 그렇게도 나와 대화하고 싶으셨던 걸까.'
하나님의 마음을 헤아리다 보니, 그분을 모른 채 살아왔던 지난날들이 떠올랐다.
'하나님 정말 미안해요. 잘 알지도 못하면서 그동안 오해해서 미안해요. 그리고 진짜 감사해요. 만나주셔서 감사해요. 나한테도 찾아와주셔서 감사해요. 오랜 세월, 포기하지 않고 기다려주셔서 정말 감사해요.'
하나님께 용서를 구하고 감사를 올렸다. 한참이나 지난 일이지만, 지금 생각해봐도 정말 감격스러운 순간이다. 말로만 듣던 하나님이 나에게 찾아오셨다니!
그나저나, 하아…. 나도 참 한심하다. 그런 어메이징한 순간에도 잠에 취해서 건성으로 대답하고 몇 번이나 다시 자려 했다니!

먹을수록 건강해지는 라면 : 주님과 함께라면

당신은 시간을 뚫고

알고 보니 경현 언니는 예전에 강도사까지 지낸 분이셨다. 뜻한 바가 있어 평신도로 수정교회에 다니면서 나도 이곳으로 전도 받았고, 한 목장 안에서 그분은 나의 목자, 나는 그분의 어린 양이 되어 일대일 양육을 받게 되었다. 하나님을 너무 늦게 만난 것에 아속해하던 내게 마치 보상이라도 해주고 싶으셨던 걸까. 하나님께서는 개인교사를 붙여주시듯이 목사님을 목자로 보내주시고, 성경에 무지한 나에게 딱 맞춘 눈높이 교육으로 속성 과외를 시켜주신 셈이다. 정말이지 말도 안 되는 은혜이다. 얼마 후에 경현 언니는 수정교회에서 전도사로 잠시 사역하시다가, 몇 해 지나 경현 언니 부부는 두 분 모두 목사님이 되셨고, 지금은 교회(임마누엘교회, 성결교단, 부천)를 개척하셔서 여전히 뜨겁게 하나님을 전하고 계신다.

곁에서 친절히 양육해주던 경현 언니가 떠난 뒤, 궁금한 것들이 생기면 이제는 하나님께서 직접 알려주셨다. 때론 말씀으로, 때론 찬양으로, 때론 주위 동역자분들을 통하여서.

한번은 '시간'에 대해 의문이 생겼다. 성경은 말한다. 하나님이 세상을 이토록 사랑하사, 이천 년 전에 그의 외아들 예수 그리스도를 이 땅에 보내시어, 십자가 사랑으로 우리를 죄에서 구원해 주셨다고. 십자가에서 죽으시고 사흘 만에 부활하신 예수님은, 하늘에 오르시어 전능하신 아버지 하나님 우편에 앉아계시다가, 산 자와 죽은 자를 심판하러 오신다고 약속하셨다. 물론 그 말씀에 당연히 아멘으로 받고 굳게 믿고 있다. 그런데 '곧', '속히' 오리라고 말씀하신 부분에 궁금증이 생겼다.

[말씀] 이것들을 증언하신 이가 이르시되 내가 진실로 속히 오리라 하시거늘 아멘 주 예수여 오시옵소서 (요한계시록 22장 20절)

일, 이년도 아니고 무려 이천년이나 지났는데 도대체 얼마의 시간이 '곧'인 걸까. 하나님의 시간은 우리의 그것과 다르게 가는 걸까. 다르다면 어떻게, 얼마나 다른 걸까. 이처럼 하나님과 우리의 시간에 대해 궁금해하는 딸에게 하나님께서는 말씀을 통해, 그리고 찬양을 통해 답을 주셨다. 베드로는 하나님의 날에 대해 성경에 이렇게 말해두었다.

[말씀] 사랑하는 자들아, 주께는 하루가 천 년 같고 천 년이 하루 같다는 이 한 가지를 잊지 말라 주의 약속은 어떤 이들이 더디다고 생각하는 것 같이 더딘 것이 아니라 오직 주께서는 너희를 대하여 오래 참으사 아무도 멸망하지 아니하고 다 회개하기에 이르기를 원하시느니라 (베드로후서 3장 8절~9절)

그렇다. 애초에 접근 자체가 잘못됐다. 전지전능하신 하나님을 감히 나와 동일한 시간 안에 두고 이해하려 했던 것이다. 생각해보라. '시간'이라는 개념은 무엇인가. 단지 인간이 우리 스스로의 편의를 위해 만든 것에 불과한 것 아닌가. 지구가 자전하며 생기는 아침부터 저녁까지의 24시간을 하루라 정하였을 뿐이고, 태양을 한 바퀴 도는 시간을 1년이라 부르기로 약속한 것에 지나지 않는다. 그런데 우리 하나님은 누구신가. 천지의 모든 만물을 다 지으신 분 아닌가. 애당초 하나님께서는 인간이 만든 시간이라는 개념 자체에 속한 분이 아니신 거다. 오히려 시간 '밖에서' 거하고 계신 분이다. 태초부터 영원까지 주관하시는 분이 바로 하나님이시다. 그러니 그분께는 인간의 하루가 그저 천 년 같고, 천 년이 그저 하루 같은 것이다. 그런 하나님께서 '시간을 뚫고' 이 땅 가운데, 우리에게 찾아오신 거다. 왜? 피조물인 우리 인간을 너무나도 사랑하시어서! 죽을 수밖에 없는 죄로 물든 우리를 살리시기 위해서! 그리하여 제한적인 인간의 시간을 초월하여, 영원이라는 하나님 안에서 함께 하시기 위해서! 이 엄청난 일이 바로 십자가 사건인 것이다. (조정민 목사님, 베이직교회, '시간을 건져내라', 2014년9월28일 주일예배)

[찬양] 당신은 시간을 뚫고 이 땅 가운데 오셨네/ 우리 없는 하늘 원치 않아 우리 삶에 오셨네/ (중략) 하나님 우리와 영원히 함께하시네/ 힘없는 우리의 인생을 위로 하시네 ('당신은 시간을 뚫고' 중에서)

그렇게 시간을 초월하시어 영원하신 분이 우리 하나님이시다. 그분을 내 안에 구주로 영접할 때 그가 내 안에, 내가 그 안에 거하게 된다. 그로 말미암아 나도 하나님의 영원에 함께 속하게 되는 것이다. 혹시 이 글을 읽고 계신 당신이 아직 하나님을 만나지 못한 분이라면 정중히 말씀드린다. 나의 시간 속에 찾아오신 하나님을 당신께도 권해드린다. 이 위대한 십자가 사랑에 같이 동참하실 텐가, 아니면 계속 그렇게 구경만 하고 있을 텐가?

[말씀] 그런즉 너희가 어떻게 행할지를 자세히 주의하여 지혜 없는 자 같이 하지 말고 오직 지혜 있는 자 같이 하여 세월을 아끼라 때가 악하니라. (에베소서 5장 15절~16절)

난 내 손에 직접 피 안 묻혀

하나님을 만나도 우리의 죄 된 본성은 쉽게 바뀌지 않는다. 그로 인해 어느 집단에서나 발생하는 관계의 문제들이 교회 안이라고 없지 않다. "상처받았다." "시험 들었다." 하며 힘들어하는 이들을 심심찮게 보게 된다. 나 또한 다르지 않다. 이해할 수 없는 일들, 사랑할 수 없는 사람들이 생긴다. 이럴 땐 직접 나서서 해결하려 하기보다는 먼저 하나님 앞에 들고 나아가도록 하자. 우리 하나님이 어떤 분이신가. 문제보다 크신 분 아닌가. 기꺼이 합당한 해결책을 찾아주신다. 명심하라. 우리의 아버지 되시는 하나님은 자녀인 우리가 구하는 것에 가장 좋은 것으로 주신다고 약속하셨다.

[말씀] 구하라 그리하면 너희에게 주실 것이요 찾으라 그리하면 찾아낼 것이요 문을 두드리라 그리하면 너희에게 열릴 것이니 구하는 이마다 받을 것이요 찾는 이는 찾아낼 것이요 두드리는 이에게는 열릴 것이니라 (마태복음 7장 7절~8절)

'난 내 손에 직접 피 안 묻혀.'라는 말을 들어본 적이 있을 것이다. 주로 누군가에 대한 복수를 예고하는 말이며, 이때 그 행위의 주체로 본인이 직접 등판하지 않고 누군가를 대신 시키겠다는 의도가 깔려있다. 어쩌면 연결이 적절치 않을 수도 있지만, 난 예전부터 이 말을 그리스도인들이 품고 살면 어떨까 싶었다. 관계의 문제들로 마음이 어려워질 때 되새겨봄직한 말이라 생각했기 때문이다. 앞서 말한 힘든 문제들로 인해 마음에 안 드는 일이나 사람들을 떠올려 보라. 그 일이 정말 그렇게 나쁜 일이고, 그 사람이 그렇게 죽을 만큼 큰 잘못을 한 것인지. 결국엔 다 '내 맘' 같지 않아서 그런 건 아닌지 생각해보라.

우리가 사역을 하면서 흔히 하게 되는 착각이 있다.

"왜 나만 해?"

"왜 너는 안 해?"

"아니, 그렇게 하지 말고 내가 하자는 대로 해."

그야말로 지독한 착각이다. 내가 모든 것을 다 알고 있다는 착각, 내가 아는 것이 전부라는 착각, 내 방식이 무조건 옳다는 착각에 불과하다. 내가 보고 듣고 알고 있는 것은 지극히 제한적일 뿐이다. 당장 내가 몰라서 그렇지, 안 보이는 곳에서 상대방이 나보다도 훨씬 더 열심을 내고 있을지 누가 아는가. 그럼에도 불구하고 우리는 매사에 내 기준으로 남을 판단하려 든다.

"내가 보낸 성경말씀, 너는 왜 안 읽니?

"내가 보낸 유튜브 설교영상, 너는 왜 안 보니?"

"내가 하는 전도, 너는 왜 같이 안 하니?"

내 방식대로 판단하는 것도 모자라, 아예 상대를 가르치려는 실수를 저지른다. 하지만 어디까지나 그 기준은 내가 세운 것이다. 그러므로 나의 기준은 다른 사람에게는 맞지 않을 수도 있다. 그렇다면 반대로 상대방도 마찬가지 아니겠는가. 그들도 각자가 세운 기준이 있을 테고 거기에 맞추어 우리를 판단하고 있을 것이다. 결국엔 서로 다른 기준들을 놓고 각자가 자기 보기에 옳고 그름을 정하고 있는 셈이다. 이렇게 하면 백날 자기주장만 앞세우고 상대방의 의견에는 귀를 닫게 될 것이다.

그렇다면 어떻게 우리가 같은 마음을 품고 사역을 하며 아름답게 관계를 이어갈 것인가. 모두에게 동일하게 적용할 수 있는 기준이 반드시 필요하다. 그리고 우리는 그 답을 이미 알고 있다. 바로 진리이신 하나님, 그 분의 말씀인 성경이다. 항상 말씀 안에서 기준을 찾고, 매사에 모든 일을 하나님께 맡겨드려야 한다. 판단은 결코 내 몫이 아니다. 다윗이 사울을 죽일 수 있는 기회가 여러 번 있었음에도 불구하고, 모든 것을 하나님께 맡겨드리고 돌아섰던 것을 기억하라. 특별히, 마음이 힘들고 어려울 때 상대방과 직접 맞서는 우를 범치 않길 바란다. 왜 굳이 자기 손에 피를 묻히려 하는가. 나보다 상대를 더 높게 보며 겸손한 마인드로 서로를 대한다면, 사역을 하며 얼굴 붉힐 일이 많이 줄어들지 않을까.

[말씀] 마음을 같이하여 같은 사랑을 가지고 뜻을 합하며 한마음을 품어 아무 일에든지 다툼이나 허영으로 하지 말고 오직 겸손한 마음으로 각각 자기보다 남을 낫게 여기고 (빌립보서 2장 2절~3절)

[말씀] 모든 일을 원망과 시비가 없이 하라 (빌립보서 2장 14절)

이와 더불어, 힘든 마음을 조금이라도 덜고자 누군가와 나누려 한다면 이 또한 조심해야 한다. 그 나눔은 결국 뒷담화가 될 소지가 크기 때문이다. 이야기를 털어놓고 나면 당장은 속이 시원할지도 모른다. 하지만 뒤돌아서면서부터 불안한 마음이 들기 시작할 것이다. 혹여 말이 날까봐. 그렇다고 속상해 죽을 지경인데 꾹 참고만 있으라는 말은 절대 아니다. 그러다 화병에라도 걸리면 큰일이다. 화병은 전 세계적으로 공인받은 큰 병이 아닌가. 그렇다면 어찌할까. 역시나 답은 언제나 하나님이다.

[설교] 뒤에서 남을 욕해도 '험담'이 아닌 '기도'가 되는 법이 있다. 남한테 얘기하면 험담이지만, 하나님 앞에 나아가 쏟아놓으면 그것은 기도가 된다. (조정민 목사님, 베이직교회, 2022년7월18일)

"임금님 귀는 당나귀 귀!"라고 실컷 외쳐도 걱정할 것 하나 없는 대나무숲은 오직 하나님과 함께하는 기도의 자리뿐임을 명심하라. 하나님께서 사랑하셨던 다윗의 기도를 보라. 그도 우리와 똑같은 성정을 가졌기에 한낱 연약한 인간에 불과한 부르짖음이 얼마나 많은지. 당장 눈앞에 보이는 사울을 자기 손으로 직접 벨 수 있었지만, 매번 돌아섰고, 눈앞에 보이지 않는 하나님을 경외하는 마음으로 그분께 모든 걸 맡겨드렸다. 하나님께 나아가자. 기도하며 모든 걸 쏟아내자. 그리하면 나의 기도하는 것보다 훨씬 더 크고 좋게 이루시는 하나님을 경험하게 될 것이다.

우리의 여섯 걸음은

똑같이 전도 받았지만, 하나님을 뜨겁게 만난 나와는 달리, 남편은 좀처럼 하나님을 받아들이지 못했다. 그렇게 홀로 하는 신앙생활이 시작되었고, 하나님에 대한 나의 갈망은 점점 커져만 갔다. 남편 눈치를 보느라 결코 녹록지 않았지만, 내게 주신 하나님의 사랑이 너무나 커서, 받은 은혜가 너무나 감사해서, 무엇으로든 어떻게든 돕고 싶었기에, 섬길 수 있는 봉사 영역을 찾아 힘닿는 대로 참여하기 시작했다. 이런 나를 기뻐 보셨는지 하나님께서 다양한 봉사의 영역에서 섬길 기회를 주셨는데, 가장 먼저는 전도팀을 섬기게 하셨다. 관계전도라는 방식으로 정말 다양한 프로그램을 준비하면서 전도 대상자들을 찾아다녔고, 감사하게도 많은 열매를 맺게 하셨다. 기타 메고 노방전도를 나가 지하철역에서 찬양을 부르게도 하셨다. 또한 중보기도팀으로 보내시어 기도의 지경을 넓히게 되는 값진 시간도 주셨고, 카페팀에 가서는 다양한 커피들로 성도님들을 섬기게 하셨다. 비록 짧은 시간이었지만 고등부에서 교사로 섬길 기회도 주셨다. 감사하게도 그동안 사역을 하면서 인연을 맺게 된 분들과는 지금까지도 여전히 사랑하는 동역자로 이어지고 있다. 신앙생활에 큰 힘이 되어주는 정말 든든한 분들이다. 현재는 찬양팀과 방송팀에서 예배를 돕고 있는 중이다.

하지만 이렇게 사역을 감당해오면서 항상 좋기만 했던 건 아니었다. 때

때로 마음이 어려워져 모든 걸 내려놓고 도망치고 싶을 때가 한두 번이 아니었다. 분명 자원하는 마음으로 기쁘게 시작한 사역인데도 불구하고, 사소한 일에도 불평불만을 하는 내 모습을 발견하곤 했다. 무엇보다도 불만의 가장 근본적인 원인은 바로 혼자 하는 신앙생활에 대한 속상함이었다.

'하나님, 저 집사님 가정에는 믿는 남편 주셨는데 나는 왜….

저 집사님 남편은 봉사도 열심히 하는데 우리 남편은 왜….

저 집사님 아이들은 워십팀도 열심히 섬기는데 우리 애들은 왜….'

자꾸만 비교를 하기 시작했다. 내가 가지지 못한 것에 대한 시기와 질투였다. 그렇게 어리석은 마음이 커져갈수록 점점 하나님에 대한 원망으로 바뀌어갔다. 솔직히 보상심리 같은 게 작용했던 거 같다.

'하나님 다 아시잖아요, 나 이렇게 힘든 상황에서 남편 눈치 보면서 열심히 사역 감당하고 있는 거. 그런데 왜 나는 여전히 힘들어요? 우리 남편은 대체 언제쯤 교회 다니는 거예요? 왜 안 만나주세요? 왜 우리 애들은 행사할 때 적극적으로 참여하지 않는 건가요? 아니 도대체 언제까지 나 혼자 이래야 돼요?'

이런 부정적인 생각이 차오르다 보니, 교회 안에서는 세상 밝은 모습이었을지 몰라도 집에만 오면 마음이 갑갑해졌다. 어떻게든 잊어버리든지 모른척하든지 하면서 그 시간들을 유야무야 흘려보내며 지나갔지만, 근본적으로 문제가 해결되지 않으니 힘든 마음은 이따금씩 불쑥불쑥 튀어나오곤 했다. 특히 해마다 연말연시가 되면 사역을 어떻게 정리해야 하는지 고민이 되곤 했다. 하지만 하나님께서는 그런 나를 결코 내버려 두지 않으셨다. 미련한 딸을 불쌍히 여기사, 설교말씀을 통해 마음을 만져주셨다. POD교회 원유경 목사님의 '경계해야 하는 마음'이라는 제목의 설교였다. (짧은 설명을 덧붙이자면, 결혼 전에 잠시 온누리교회(서울 서빙고)를 다닌 적이 있었다. 이곳에 자세한 내용을 적을 수는 없지만 30대 초반에 내겐 참 힘들었던 시간이 있었다. 그땐 나를 알아보는 사람이 아무도 없는 곳에 가서 펑펑 울고 싶었고, 그럴 때마다 생각나던 곳이 교회였다. 두 살 터울인 언니가 형부와 함께 신앙생활을 하며 결혼식을 올린 곳이기도 해서 자연스레 그 교회로 갔던 것 같다. 이분은 그곳 온누리교회에서 사역하시던 목사님이다.)

원 목사님은 몇 해 전 '다윗의 행렬'이라는 뜻의 'Parade of David'의 초성을 따서 'POD(포드)'라는 교회를 개척하셨다. 사무엘하 6장 말씀에 다윗이 유다 변방에 방치되었던 하나님의 법궤를 예루살렘으로 옮기는 행렬을 상징한다. 이날 설교 말씀은 이와 이어지고 있었다.

[설교] "그때 다윗은 여섯 걸음마다 한 번씩 살찐 소를 잡아 하나님 앞에 전심으로 예배했다. 이스라엘의 중심, 예루살렘 시온산에 그 법궤를 안치함으로 하나님의 왕 되심과 통치를 선포하고 24시간 예배했던 다윗의 장막을 떠올려 보라. 나의 예배는 다윗의 그것만큼 전심으로 드려지고 있는가." (원유경 목사님, POD교회, 2023년7월2일 주일예배)

설교말씀은 이내 나를 향한 질문으로 매섭게 가슴에 와 박히기 시작했다. 그 질문은 바로

"우리의 순종이, 하나님에 대한 이용권이 될 수 있는가?"

였다.

[설교] "우리가 그분이 요구하신 모든 사항들을 이행한다고 해서, 우리가 주님 앞에서 주님의 뜻에 대해서 화내고 분개할 자격이 있는가? 우리가 하나님의 일을 한다고 해서, 마치 하나님께서 우리에게 복을 주셔야 하는 게 당연한 것처럼 생각하는 그 마음! 주님을 섬기고 봉사하는 것이 우리의

우월감과 자부심이 되는 마음! 그 모두를 경계해야 한다. 우리가 주님 앞에서 여섯 걸음을 간다고 해서, 언제나 하나님이 일곱을 완성하시는 것은 아니다. 우리의 여섯 걸음은 하나님을 향한 마땅한 사랑과 경배가 되어야지, 주님을 향해 우리의 권리를 주장하게 해서는 안 되는 것이다. 우리가 과도한 헌신으로 그 어떤 것을 부어드려도 아낌없이 드릴 수 있는 이 예배, 주님 받으셔야 하는 영광 앞에서 우리의 전부를 쏟아 드린다 한들, 그것이 어떻게 우리의 인생에 의가 될 수 있는가. 그저 주님 앞에 드리는 사랑일 뿐이고, 마땅한 경배일 뿐이다." (원유경 목사님, POD교회, 2023년7월2일 주일예배)

숨기고 싶은 부끄러운 마음을 다 들켜버렸다. 설교말씀을 들으며, 그동안 적당히 감추고 그럴듯하게 포장하고 있었던 모습을 훤히 드러내 보이셨다. 그 누가 하나님으로부터 감히 피하고 숨을 수 있을까. 머리털까지 세고 계신 하나님께서 나의 이런 마음을 모르실 리가 없는데 말이다. 오히려, 몰라서가 아니라 가장 좋은 것으로 주시려고 오래 참고 기다리고 계신 건데, 내 뜻과 내 생각대로 되지 않는다고 다짜고짜 원망만 해대고 있었다. 참으로 어리석기 짝이 없다. 그동안 해온 사역들이 하나님이 시켜서 억지로 했던 일이었는가. 자원하는 마음으로 기쁘게 섬겨온 일 아니었던가. 그 일들이 또한 사람에게 잘 보이려고 행했던 일이었는가. 하나님한테 예쁨 받고 싶어서, 하나님 사랑해서 기꺼이 감당해오지 않았던가. 어린아이같이 순수한 갈망으로 하나님 그저 만나주시기만을 기대하던 그때의 나는 어느새 사라지고 없었다. 내가 이렇게까지 했으면 뭐라도 달라지는 게 있어야 하는 거 아니냐며 세상 이치로 따져 묻는 어리석은 모습을 보게 하셨다. 적나라하게.

믿지 않는 자들이 흔히 하는 비난의 말이 있다.

"하나님 믿는다면서, 그렇게 맨날 기도하는데, 왜 여태 그래?"

하지만 이는 기독교를 제대로 이해하지 못하였기에 하는 말이다. 세상중심, 인간중심의 관점에서 나오는 이야기이다. 기독교는 철저하게 하나님 중심이다. '비나이다, 비나이다' 하는 기복신앙이 결코 아니다. 하나님의 뜻을 구하고 하나님의 시선을 쫓으며 하나님의 방법대로 행하고자 한다. 나의 정욕이 아닌 하나님의 마음에 합한 기도를 드릴 때 기쁘게 응답을 받는 것이다. 이 세상을 향한 탐심은 내려놓아야 한다. 자기를 부인하고 비워내야 한다. 하나님은 어떤 사람을 사랑하신다고 하셨는가? 바로 겸손한 자이다. 그렇다면 겸손이란 무엇인가? C.S.루이스는 말했다. '겸손이란 자신을 낮춰 생각하는 것이 아니라, 자신의 생각을 덜 하는 것'이라고. 그리하여 그 비워진 자리에 하나님으로 채워야 하는 것일 테고.

[설교] "진정한 신앙은 결국 '케노스'(비움), 즉 자기를 비워내는 것이다."(박광리 목사님, 우리는교회, 2024년3월24일 주일예배)

하나님의 뜻이 옳기에 기꺼이 자기를 비워냄으로 하나님께 순종하는 것이다.

그런데 세상에…. 도대체 얼마나 됐다고. 그새 내 안에는 나로 가득 차 있었다. 하나님의 뜻과는 상관없이 왜 내 뜻대로 안 해주냐고 떼쓰고 있었다. 마치 알라딘이라도 된 듯 하나님을 램프의 요정 지니처럼 종 부리듯 했던 것이다.

어느새 2024년. 돌아보니 10년이 흘렀다. 여전히 남편은 하나님을 만나지 못하였고, 혼자 하는 신앙생활도 변함이 없다. 믿음 없는 눈으로 바라보면 지난 10년 동안 달라진 게 하나도 없어 보인다. 하지만, 언젠가부터 남편은 종종 주일 아침이면 교회에 데려다주겠다며 아내와 딸들을 태우고 함께 교회에 오곤 한다. 자발적으로! 두 딸들도 여전히 워십팀을 섬기거나 하진 않지만, 하나님을 세상에서 가장 사랑하는 예쁜 마음을 갖게 되었다. 특별히 중학교 3학년이 된 큰딸은 방송팀에서 같이 사역을 하는 귀한 동역자가 되었고, 얼마 전부터는 금요심야예배도 함께 드리고 있다. 이 또한 자발적으로!

10년을 걸어왔지만, 주님 앞에 나의 여섯 걸음은 아직도 턱없이 부족하다. 그럼에도 불구하고 일곱을 채우시는 사랑을 수없이 경험해 왔기에, 이제는 예전처럼 욕심부리지 않고 하나님의 일하심을 기대하며 나아가는 중이다. 남편의 발걸음이 지금은 비록 주차장까지지만 곧 성전 안으로 들어와서 같이 하나님께 예배드리는 날이 올 거라 확신하며, 두 딸 또한 더욱 더 하나님께로 가까이 나아갈 것을 설레는 마음으로 기대하고 있다. 지금의 나는 알 수 없지만, 하나님의 때에 하나님의 방법으로 남편을 꼭 만나주실 것이고 그리하여 우리 가정을 향한 하나님의 뜻을 기어이 이루실 것임을 확신하기 때문에 오늘도 나는 그저 기쁘고 감사할 뿐이다. 소리 높여 하나님을 찬양할 뿐이다. 할렐루야! 내 휴대폰에 저장된 남편의 이름은 그래서 '기대되는 분~♥'이다.

나는 리미티드, 그는 인피니트

알고 보면 강력한 메시지 : 인생 한 번 죽지, 두 번 죽나

하나님을 만난 사람이라면 안다. 우리는 빚쟁이다. 복음에 빚진 자다. 누군가 전해준 이가 있었기에 우리는 하나님을 만났다. 우리 또한 전해야 한다. 그래서 우리는 통로이다. 고여 있는 것은 썩게 마련이다. 흘려보내야 한다. 이 좋은 하나님 사랑을 나만 간직하고 말 텐가.

"그 좋은 사랑, 나 같으면 그냥 나만 혼자 독차지하고 싶을 텐데, 왜 자꾸 다른 사람들이랑 나눠 가지려 해요? n이 커지면 내 몫의 파이가 자꾸 줄어들잖아요?"

하나님을 만나기 전, 경현 언니에게 했던 말이다. 언니가 만난 하나님 이야기들을 듣고 있다 보면, 믿기지 않다가도 내심 부럽기도 해서 나도 모르게 공격적인 질문들로 받아치곤 했다. 그럼에도 불구하고 그런 나에게 언니는 항상 호탕하게 웃으며 대답해주었다.

"맞아, 사람은 그렇지. 우리의 사랑은 분명 한계가 있어. 사람의 마음에는 방이 하나밖에 없어서 한 번에 한사람밖에 사랑할 수 없지. 하지만 하나님은 그렇지 않아. 하나님의 사랑은 무한하거든. 백 명을 사랑해도, 천 명을 사랑해도 하나님의 사랑은 결코 줄어들지 않아. 쪼개어 나누어 갖는 게 아니야. 하나님은 우리 모두를 똑같이 사랑하셔. 그래서 하나님을 이제 막 만난 사람도, 십 년 전에 만난 사람도 모두 동일하게 사랑받는 거야."

우문현답이었다. 지금 생각해도 부끄러운 질문이었지만 덕분에 하나님의 사랑을 분명히 이해하게 되는 계기가 되었다. 포도원 지기가 품꾼에게 삯을 줄 때, 일한 시간과 상관없이 처음에 약속하신 대로 모두에게 동일하게 주었듯이. 그렇다. 하나님은 모두에게 공평하시고 모두에게 동일한 사랑을 부어주시는 분이다. 그분의 사랑은 끝이 없다. 무한하신 분이다. 성경이 가르쳐 주듯이 하나님은 사랑 그 자체이시다.

[말씀] 사랑하지 아니하는 자는 하나님을 알지 못하나니 이는 하나님은 사랑이심이라 (요한일서 4장 8절)

사랑하지 아니하는 자는 하나님을 알지 못한다고 말씀하셨다. 우리는 이미 엄청난 사랑을 받고 있다. 사랑이신 하나님을 아는 자들이다. 그런데도 고작 나 혼자만 사랑받고 이대로 말 것인가. 결코 그럴 수 없는 것이다. 하나님은 내게 축복의 통로가 되어라 말씀하신다. 내게 임하신 하나님의 은혜를 주위에도 널리 전하여서 한 영혼이라도 더 함께 누리게 되기를 바라신다. 전해야 한다. 가서 하나님 사랑을 나누어야 한다. 이 엄청난 비밀을 알지 못한 채 죽음 뒤에 지옥에서 영원을 맞이하게 될 불쌍한 영혼들을 하나라도 더 살려야만 한다.

사람들이 흔히 하는 말 중에 '한 번 죽지, 두 번 죽나'라는 말이 있다. 선택지가 많지 않은 상황에서 나름 각오를 다지고 결단하며 하는 말이다. 언젠가부터 이 말 또한 내게는 성경적인 말로 해석이 되고 있다. 그렇다. 모든 사람은 죽는다. 그리고 그 죽음은 오직 단 한 번뿐이다. 절대 두 번은 없다. 전생이니, 다음 생이니 하는 말은 우리 같은 그리스도인에게는 농담으로라도 할 수 없는 말이다. 막상 죽고 보니 마음에 안 든다고 무르거나 다시 태어날 수 없다. 잘 생각해야 한다. 사람은 한 번 밖에 죽을 수 없다. 딱 한 번뿐인 죽음의 기회, 어떻게 맞을 것인가. 그리고 그 한 번의 죽음 뒤에는 과연 무엇이 우리를 기다리고 있을까. 죽어보지 않고 그것에 대해 함부로 논할 수 있으랴마는, 감사하게도 우리는 이미 성경을 통해서 하나님께 답을 받아 알고 있다.

[말씀] 한 번 죽는 것은 사람에게 정해진 것이요 그 후에는 심판이 있으리니 (히브리서 9장 27절)

하나님을 만났던 날, 그 잊을 수 없는 밤에 친히 알려주셨던 심판. 그것이 죽음 이후의 관문인 것이다. 그렇다. 사람은 두 번 죽는 것이 아니다. 그렇다면 단 한 번뿐인 죽음을 맞이하기까지, 우리는 과연 어떻게 살아야 할까? 하나님을 만난 것에 그저 감사하고 나만 행복하게 잘 살면 되는 것인가? 아무것도 모른 채 심판을 향해 달려가는 저 불쌍한 영혼들을 이대로 내버려 둘 것인가? 답지를 미리 보고 시험을 치르는 중인 것만 같다. 무조건 잘 볼 수밖에 없는 시험인데, 당신도 같이하지 않겠는가?

그나저나 참 신기하다. '한 번 죽지, 두 번 죽나' 이토록 성경적인 말을 모든 사람들의 입에 넣어두셨다니. 어쩌면 하나님께서는 사람이 태어날 때 이미 하나님의 법도를 다 입력시켜주시고 이 땅에 보내신 게 아닐까.

밑져야 본전인데, 어떡할래?

그렇다면 어떻게 전하면 좋을까?

코로나로 몇 년 동안 사람들끼리 대면이 어려워진 시기에, 예배도 집에서 온라인으로 드리게 되면서 여러 영상들을 접하게 되었는데, 그중의 하나가 바로 전 축구 국가대표선수인 이영표 집사의 영상이었다. 그가 같은 기독교인이라는 사실만으로도 참 반가웠는데, 간증을 듣고 나니 그 내용을 전도할 때 활용하면 참 좋겠다는 생각이 들었다. 하나님께서 또 하나의 전도 방법을 알려주시니 참 감사하다.

[간증] 〈앞부분 생략〉

누군가가 나에게 "너는 누구를 믿니?"라고 물으면 "나는 나 자신을 믿지."라고 대답했었다. 이 이야기는 바꿔 말하면, "너의 삶의 주인은 누구니?"라는 질문이었고, 당연히 대답은 "나의 삶의 주인은 나지."였다. 왜냐하면 나는 내가 원하는 곳을 가고 내가 하고 싶은 것을 하니까. 그런데 하나님을 믿고 나서 보니까, 내 삶의 주인이 나라는 말, 그리고 내가 나를 믿는다는 말은 정말 말도 안 되는 엉터리라는 사실을 깨달았다. 만약에 우리 각자가 자신의 삶에 주인이라면, 내 인생을 내가 직접 디자인해야 맞을 것이다. 몇 가지만 예를 들어 살펴보자. 국적! 내가 어느 나라에서 태어날 것인지 정해서 태어난 사람 있는가? 성별! 남자로 태어날 것인지 여자로 태어날 것인지 본인이 결정했는가? 살아가는 시기! 내가 만약 2차 세계대전 당시에 태어났다면 얼마나 힘들었겠는가? 부모, 성격, 혈액형, 키, 생김새, 심지어 평생 불리는 자신의 이름조차도 스스로 정한 것이 아니다. 삶에 있어서 이러한 중요한 것들 중에서 하나도 나 스스로 결정한 것이 없다. 그러면 우리는 무엇을 결정하면서 살고 있는가? 무엇을 먹을까, 무엇을 입을까, 어디를 갈까. 이런 것들 아닌가. 짜장면을 먹으면 어떻고 된장찌개를 먹으면 어떤가. 스웨터를 입으면 어떻고 반팔을 입으면 어떤가. 어떻게 결정해도 내 인생에 크게 영향을 주지 않는 것들만 고작 결정하면서, 내가 내 삶의 주인이라고 착각하며 살아왔던 것이다.

〈중략〉

17세기 프랑스의 수학자이자 물리학자 그리고 신학자였던 파스칼은 "인생은 도박이다."라는 말을 했다. 모든 인간은 결정을 한다. 즉, 하나님을 믿는 것에 자기 인생을 걸던가, 믿지 않는 것에 걸던가. (여기서부터가 전

도의 핵심이다. 이제 이 두 가지 선택지를 놓고 경우의 수를 따져보자.) 만약, 당신이 '하나님이 살아계시지 않는다.'에 베팅을 했다고 치자. 그곳에 인생을 걸었고 죽었는데 하나님이 안 계신다면? 당신이 이긴 거다. 그리고 당신은 그대로 무의식의 상태가 될 것이다. 그런데 만약에 졌다면? 지옥이 있다는 것이고 당신은 지옥에 가게 된다. 이제 반대로, 당신이 '하나님이 살아계신다.'에 베팅을 했을 경우이다. 죽었는데 하나님이 안 계신다면? 진 거다. 그대로 무의식의 상태가 될 것이고, 그런데 죽었더니 하나님이 살아 계신다면? 이긴 거다. 그리고 당신은 천국에 가게 될 것이다. 자, 이제 여러분과 딜을 하도록 하겠다. 여러분이 만약에 하나님을 믿지 않는 것에 삶을 건다면, 여러분은 '이겨야' 본전이다. 그런데 만약에 하나님은 살아계시고 그분을 믿는 것에 삶을 걸게 되면 어떻게 되는가? '져도' 본전이다. 무엇을 선택하겠는가? 내가 만난 하나님을 여러분도 반드시 만나길 바란다. (이영표 선수 간증, 〈하나님 믿는 것에 삶을 거십시오〉, 온누리교회, 아부다비 전도집회, 2020년)

이 내용은 파스칼의 그 유명한 저서 「팡세(Pensees, 1670)」에 나오는 이야기로, 보다 자세한 내용은 책을 참고하시길 바란다. 이 논리에 반박의 여지가 있는가. 그렇다면 살아계신 하나님을 믿는다는 것은 밑져야 본전이고, 이기면 천국행이다. 암만 봐도 말도 안 되게 남는 장사 아닌가. 이쯤 되면 안 믿는 게 더 어려운 선택이 아닐까. 혹시 당신이 아직 마음에 믿음이 없는 분이라면 묻고 싶다. 자, 이제 어떻게 할 텐가. 더는 망설이지 말고 하나님 믿는 것에 당신의 인생을 걸길 강력히 권면한다. 그리고 이미 믿음을 갖고 있는 분이라면 전도할 때 이 내용을 기억하고 전하기를 추천한다.

아, 물론 그의 마음이 열리는 건 전적으로 하나님의 도우심이 있어야 한다. 전도팀에 한창 열심 내던 신앙생활 초반의 일이었다. 한 목사님께서 수요예배 설교 중에 이런 말씀을 하셨다.

"아니, 남편 하나도 전도하지 못하면서 무슨 밖에 나가서 전도를 한다고 다니는지 모르겠다."

이후로 전도에 대해 심한 회의감이 들면서 마음이 크게 낙심되었다. 현재는 다른 곳으로 가신 목사님이신데, 그분을 뵐 때마다 그 말씀이 떠올라서 한동안 힘든 시간을 보냈던 기억이 있다. 하지만 이 또한 하나님께서 말씀으로 치유해 주셨다.

[말씀] 나는 심었고 아볼로는 물을 주었으되 오직 하나님께서 자라나게 하셨나니 (고린도전서 3장 6절)

우리는 통로일 뿐이다. 십자가의 전달자로서 담대히 전하기에만 집중하자. 모든 책임은 하나님께서 져주신다. 그러니, 절대로 거절당하는 것에 상처받지 말고, 또한 열매 맺는 것에도 집착하지 말고, 우리는 그저 열심히 심고 뿌리기에 힘쓰자. 뒷일은 몽땅 하나님께 맡기면 된다.

리미티드 : '한계' 그리고 '한 개'

[말씀] 바람이 임의로 불매 네가 그 소리는 들어도 어디서 와서 어디로 가는지 알지 못하나니 성령으로 난 사람도 다 그러하니라 (요한복음 3장 8절)

머리카락은 비록 느리기는 하나 분명 자라고 있고, 지구는 시속 10만 8천 킬로미터의 엄청난 속도로 움직이고 있다는데 그것을 느끼는 사람이 있는가. 바람이 눈에 보이지 않지만 나뭇잎이 흔들리는 것을 보고 그것이 존재함을 알듯이 하나님은 그러한 존재이시다. 우리의 능력으로는 그분을 보고 듣고 만질 수 없을지라도 하나님은 태초부터 세상 끝 날까지 영원하신 분이며, 모든 만물을 창조하신 조물주이시다. 한낱 피조물인 내가 감히 그분을 가늠하려고 하는 것 자체가 어불성설이다. 우리가 그분을 이해하려고 하는 것은 절대 불가능한 일이다. 우리는 한계가 분명한 '리미티드'한 존재이며, 반면에 그는 결코 끝이 없으신 '인피니트'한 분이심을 인정해야만 한다.

피조물인 우리는 분명히 리미티드한 존재이지만, 그렇게 지음 받았음에 한편으론 또 얼마나 감사한지 모른다. 우리는 어떠한 대상의 가치를 논할 때 주로 '희소성'에 기준을 둔다. 그래서 다이아몬드나 금 같은 희귀 자원들의 값이 매우 고가이다. 또한, 소위 명품 브랜드 등에서 한정된 수량만으로 내놓는 제품들도 가격이 높이 책정된다. 그 이유는 갖고 싶어 하는 수요에 비해 제공되는 공급량이 극히 적기 때문이다. 수요자들끼리 치열하게 경쟁하면서 점점 더 값이 치솟기도 한다. 바로 이것이 한정판, 즉 '리미티드 버전'이기 때문이다. 길어야 백 년인 인간 세상에서의 물질 가치도 이정도일진대, 하물며 하나님 작품인 사람에 비하랴. 주위를, 아니 전 세계를 암만 뒤집고 돌아다녀 보라. 당신과 똑같은 사람이 단 한 명이라도 더 존재하는지. 핏줄로 맺어진 혈연관계라 할지라도, 제아무리 쌍둥이일지라도, 비슷하게 닮을 수는 있지만 결코 똑같을 수는 없다. 이 얼마나 경이로운 일인가. 그렇다. 우리는 하나님의 단 하나뿐인 작품이다. '온리원, 한정판, 리미티드 버전'이다. 나는, 당신은, 우리 모두는 존재 그 자체만으로 참으로 귀한 걸작품인 것이다. 그저 단지 하나님의 자녀라는 이유만으로! 이로써 우리의 '한계'는 '한 개'로서 그 가치가 이루 말할 수 없이 높아진다.

세상 사람들이 이 사실만 깨달아도 삶 속에 소망을 품고 살아갈 수 있을 텐데, 자살 같은 헛된 방법으로 삶을 쉽게 포기해 버리는 일이 없을 텐데, 참으로 안타깝다. 하나님의 사랑은 조건에 있지 않다. 헌금을 많이 한다고 해서, 여러 가지 사역으로 헌신을 한다고 해서 사랑하시는 것이 아니다. 있는 그대로의 나를 사랑하신다. 공부를 못해도, 잘 생기지 않아도, 돈을 많이 벌지 못해도, 대단한 직업을 가지지 않았어도 상관없다. 이 모든 기준은 그저 세상이 만들어놓은 것에 불과하다. 우리는 잠시뿐인 이 세상의 기준에 맞춰 사는 것이 아니라, 하나님의 자녀로서 천국소망을 품고 영원을 바라보며 살아가야 한다. 그리하여 하나님을 만나게 되면 자살하려고 마음먹었던 그 이유들이, 오히려 감사의 제목으로 바뀌게 되는 놀라운 경험을 하게 될 것이라 장담한다. 그러므로 우리는 반드시 전해야 한다. 역전의 하나님을 만날 수 있도록 한 영혼이라도 더 전하려고 노력해야 한다. 어떻게 해서든 하나라도 더 살리고 싶어 하시는 하나님, 그분과 같은 마음을 품어야 한다. 훗날 하나님 앞에 섰을 때,

"그때 네 옆에 있던 걔는 왜 같이 안 왔니?"

하시면 무어라 대답 할 텐가. 나만 혼자 천국 가고 말 것인가.

결국엔 전도다. 하나님 이야기를 나누다 보면, 받은 사랑에 감격해하다가, 세상 모든 사람 다 듣고 그 사랑 알도록 복음 전도에 더욱 열심을 내어야 한다는 결론이 나올 수밖에 없다. 사도행전의 29장은 우리의 몫인 것이다. 하나님의 리미티드 버전은 단지 나 하나뿐만이 아니다. 길거리에 담배꽁초를 버리던 아저씨도, 교회 얘기에 급히 대화를 끊어버리던 옆집 단발머리 아줌마도, 내가 얄미워 죽겠는 그 어떤 이들조차도, 하나님 보시기에는 목숨 바쳐 사랑하시는 아들딸들이다. 사랑 받아본 사람이 사랑을 나눌 줄도 안다 했던가. 이미 우리는 통 크게 받고 있지 않은가. 나눠도, 나눠도 끝이 없는 하나님의 무한하신 사랑을 더 널리 퍼뜨려보자. 잘하였다고, 착하고 충성된 종이라고 하나님께 칭찬 듬뿍 받는 그날을 기대하며!

[말씀] 그 주인이 이르되 잘하였도다. 착하고 충성된 종아 네가 적은 일

에 충성하였으매 내가 많은 것을 네게 맡기리니 네 주인의 즐거움에 참여할 지어다 하고 (마태복음 25장 21절)

원고를 맺으며, 한없이 부족한 자에게 이렇게 귀한 기회를 허락하시어서 하나님 앞에 마음을 쏟아놓을 수 있게 하심에 참 감사하다는 인사를 남기고 싶다. 함께 책 써보자고 권면해주신 서유석 사모님, 글쓰기의 모든 과정을 이끌어주신 최성모 권사님, 두 달여 간 한배를 타고 열심히 함께 달려온 우리 좋으신 작가님들, 하나님께로 돌이킬 수 있도록 보내주신 하늘의 천사 경현 언니, 그리고 함께하는 모든 순간이 하나님께서 내게 허락하신 기적임을 알게 해준 사랑하는 남편 박용현 성도와 두 딸 소윤, 정원에게 감사와 사랑과 축복을 전한다.

많은 이야기들을 적어놓았지만, 결국엔 하나님과 나의 대화는 이것으로 족하다.

"네가 나를 사랑하느냐?"
"내가 주를 사랑합니다."

[찬양] 날 부르심에 감사, 날 놓지 않으심 감사
하늘 보좌 버리고 날 사랑하심에 감사
나의 모든 삶은, 남은 모든 인생은
예수님과 함께 걷겠습니다. ('베드로의 고백' 중에서)

아멘,
사랑합니다. 주님!

사고뭉치 골목대장

실패를 극복하는 힘

박현근

수정교회 부목사

서울신학대학교 신학과 졸업

서울신학대학교 대학원 M.div 졸업

서울신학대학교 일반대학원 Th.m 졸업

사랑의 위대함을 경험한 이야기, 어머니의 사랑과 하나님의

사랑 이야기를 담고 있다.

사고뭉치 골목대장

(어머니의 사랑)

사고뭉치 골목대장
(아이의 시선, 어른의 시선 - 대장은 나쁜 짓도 대장이어야 돼요.)

"내가 확신하노니 사망이나 생명이나 천사들이나 권세자들이나 현재 일이나 장래 일이나 능력이나 높음이나 깊음이나 다른 어떤 피조물이라도 우리를 우리 주 그리스도 예수 안에 있는 하나님의 사랑에서 끊을 수 없느니라."

-로마서 8장 38~39절-

가로등 두 개가 전부인 한적한 시골 마을. 나는 그 마을의 골목대장이었다.

내가 살고 있는 마을에는 작은 구멍가게가 있다. 그 구멍가게의 단골손님은 동네 아이들이다. 골목대장은 항상 동네 아이들을 몰고 다녔다. 골목대장인 나는 다른 아이들보다 무엇이든 잘해야 한다고 생각하였다. 그래야 대장이니깐. 그래서 그날도 나의 행동은 열 살답지 않게 과감하고, 거침없이 행동하였다. 바로 도둑질을.

아이들이 사전에 모의한다. "나는 껌을 훔칠 거야." "나는 봉지 과자를 훔칠게." 사전 모의를 거창하게 치른 후 행동을 게시한다. 나는 쿵쾅거리는 심장을 꼭꼭 숨긴 채 선택을 한다. 남들보다 더 큰 과자로. 남들보다 더 많은 양을. 옷 속에 매우 티 나게 숨긴 채 서둘러 약속된 장소로 향한다.

각자의 영웅담이 시작된다. "봐봐, 나 껌 훔치는 거 성공했어" "에이, 작은 껌 가지고 뭘 그래. 나는 봉지 과자야" 이제 골목대장의 자랑 순서가 왔다. "음…. 나는 이만큼이야." 골목대장의 옷 속에는 많은 과자들이 쏟아져 나왔다. 그렇게 그날도 나쁜 일을 과감하게 하여 골목대장의 명성을 지켜냈다.

나는 또래 친구들 앞에서만 대장이었다. 혼자 있을 때는 한없이 착하고 순박한 시골 아이였다. 아무래도 어머니의 사랑을 듬뿍 받고 자라서이지 않을까. 혼자일 때의 나는 평소와 같이 작은 구멍가게에 들린다. 이전처럼 남들에게 으스대려고 도둑질하지 않는다. 평소 엄마에게 받았던 용돈으로 당당하게 먹고 싶은 것을 고르고 계산한다. 그때 생각지도 못한 주인아주머니의 목소리가 들렸다. "너 지난번에 훔쳐 간 물건은 어머니가 다 계산하고 가셨다." 나는 벼락에 맞은 듯한 충격과 함께 온몸에 소름이 돋았다. 나는 이 동네 원칙을 너무나 잘 알고 있다. 물건을 훔치다 걸리면 그동안 손해 본 모든 금액을 마지막에 걸린 사람이 배상해야 한다는 사실을. 과일 서리하다 걸린 것처럼. 그러나 나는 그 순간 억울한 생각조차 들지 않았다. 명백히 잘못한 사실이니깐. 조용히 주인아주머니께 인사를 드리고 집으로 향할 뿐이었다.

집으로 돌아온 나는 조용히 엄마를 지켜본다. 아무 말씀이 없으시다. 이상하다. '왜 혼내지 않으시지?' '왜 아무 말 없으시지?' 두근거리는 마음을 꼭꼭 숨긴 채 그저 시간을 보낸다. 하루…. 이틀…. 그리고 일주일이 지나도 어머니는 아무 말씀이 없으시다. 그렇게 이십칠 년째 어머니는 아무 말씀이 없으시다.

참으로 이상하다. 어머니는 왜 이십칠 년째 아무 말씀을 하지 않으실까? 이제는 성인이 된 골목대장은 여전히 궁금하다. 그러나 차마 어머니에게 먼저 여쭤보지 않았다. 과거의 죄가 어머니와의 관계에 어색함을 만들까 봐 걱정되었기 때문이다. 그래도 이제는 알 듯하다. 조금 철이 들어서일까? 아니면 이제는 두 아이의 아빠가 되어서일까? 확실한 것은 그날 이후 도둑질을 하지 않았다는 것이다. 어머니의 침묵은 오히려 사랑하는 아들에게 눈에 보이는 매보다 더 훌륭한 교육이 되었다. 그리고 이제야 어머니께서 나를 얼마나 사랑하시는지를 생각한다. 엄마는 아들을 정말 사랑한 것이다.

문득 이러한 생각이 든다. 어머니의 침묵은 하나님 아버지의 침묵과 같지 않을까. 세상은 죄로 가득하다고 한다. 그런데 하나님은 심판 대신에 아직도 침묵하고 계신다. 어쩌면 관계가 어색해질까 봐 여전히 침묵하고 계시는 것은 아닌지 조심스럽게 생각해 본다. 그렇다면 하나님은 우리를, 나를 정말 사랑하시는 것이 맞을 것이다. 우리 엄마처럼.

감당할 수 없는 사고
(불꽃놀이의 최후)

"무엇보다 뜨겁게 서로 사랑할지니 사랑은 허다한 죄를 덮느니라."
-베드로전서 4장 8절-

사고뭉치 골목대장은 싹수부터가 노랬다.

여덟 살밖에 되지 않던 골목대장은 동네 아홉 살 누나와 골목대장보다 한 살 어린 그 누나의 동생을 이끌고 마을 이곳, 저곳을 누비고 다녔다. 현재 주소에도 없는 동네에서만 불리는 작은 마을 단위. 윗동네 살미. 중간 동네 장포. 아랫동네 생담. 그리고 애매한 지역의 고려대. 이렇게 네 개 마을이 모여야 리가 된다. 무장리. 하루 동안 네 개 동네를 다 누비고 다녀야 일과가 끝났다.

매일 같이 동네를 누비고 다녀서일까? 그날따라 심심해서인지 새로운 시도를 하고 싶어졌다. 새로운 시도는 항상 새로운 문물에서 생겨나는 듯하다. 이번엔 폭죽이다. 구멍가게에 한 번도 들어온 적 없던 물품인 폭죽이 들어왔다. 사고뭉치 골목대장인 나는 호기심이 강하다. 당연히 폭죽은 나의 놀이가 된다. 흙바닥에 폭죽을 터뜨려 본다. 처음 해보는 일이기에 불을 붙이고 멀리 도망가 지켜본다. 위로 솟구치는 폭죽. 요란하게 바닥을 휘젓는 폭죽. 그리고 지렁이 폭죽. 문제의 발단은 지렁이 폭죽에서 시작되었다.

사실 우리 집은 시골 동네에서 알아주는 부잣집이다. 부잣집에는 응당 귀중품을 모아두는 곳이 있다. 그곳은 시골스럽게 당연히 비닐하우스이다. 그 비닐하우스에는 집에서 잘 쓰지 않는 가구, 농기구, 그리고 아버지의 소중한 오토바이도 세워놓는 곳이었다. 그리고 그 비닐하우스 입구에는 소먹이로 주는 짚이 한가득 정리되어 있다. 사각형 모양의 지푸라기는 사고 치기 좋게 차곡차곡 예쁘게도 쌓여 있었다.

나는 사고뭉치 골목대장답게 사고를 칠 사전 모의를 시작한다. 어린 나이에도 참 한결같이 회의를 하였다. 계획은 이렇다. “자, 여기서 불을 붙이면 길을 따라 폭죽이 탈 거야. 그리고 마지막 종착지인 지푸라기에 불이 붙으면 성공이야.” “그리고 불이 붙으면 바로 불을 끄면 되는 거야” 나는 계획에 문제가 없음을 확신하였다. 왜냐하면 불장난은 처음이 아니었으니깐. 나는 불이 나도 끌 자신이 있었다. 나의 계획은 역시 성공적이었다. 그러나 안타깝게도 반만 성공적이었다. 지렁이 폭죽에 불을 붙이고 불을 따라 세 명의 어린아이가 따라간다. 그리고 지푸라기에 불이 붙는다. 그런데 이상하다. '어? 불이 왜 이렇게 빨리 번지지?' 당연한 일이다. 마른 지푸라기에 불을 붙이면 불은 순식간에 번지게 되어 있다. 당황한 어린아이들은 돌을 던져본다. 흙을 던져본다. 어림없다. 불은 더 이상 끌 수 없을 정도로 번져갔다. 비닐하우스는 역시 비닐하우스다. 비닐에 불이 붙으니, 순식간에 전체가 타버린 것이다. 나는 덜컥 겁이 났다. 내가 감당하기에는 너무나도 큰 사고를 쳐버리고 만 것이다. 긴급 조치를 취했다. 동네 누나와 동생을 먼저 집으로 돌려보냈다. 그리고 멀리서 사고 현장을 지켜봤다. 동네 사람들이 다 모인 것 같았다. 윗동네 살미에서도. 중간 동네 장포에서도. 우리 동네 생담에서도. 모든 동네 사람들이 우리 집에 모였다. 불을 끄기 위해. 그러나 그 불은 끌 수 있는 불이 아니었다. 다 타버리고 나서야 소방차가 사이렌을 울리면서 부랴부랴 온다. 그 시절에는 늦게 오는 소방차는 당연했다. 어지간한 불은 동네 사람들이 끄는 시대였으니 말이다.

그제야 나는 숨을 곳을 찾기 시작하였다. 이런 적이 없기에 나는 사고를 쳐도 늘 수습할 수 있다고 자신했다. 그러나 실패하였다. 그래서 숨을 곳을 찾기 위해 평소 다니던 산의 옹달샘에 가보기도 하였다. 그런데 밤이 깊어지는 산은 생각보다 무섭다. 나는 결국 집으로 발걸음을 옮겼다. 그리고 엄마 방 침대 가장 구석 자리에 몸을 웅크리고 숨죽인 채 있었다. 불꽃놀이 한 것을 후회하면서.

밖에서 소리가 들린다. 너무나도 큰 사고를 친 아들을 찾는 엄마의 애타는 목소리가 들린다. 모른 척하였다. 왜냐하면 난 죄인이니깐. 엄마 아빠의 소중한 물건들을 다 태워 먹은 죄인…. 그런데 세상 모든 엄마의 촉은 남다른 듯하다. 결국 우리 엄마도 죄인이 되어 고개를 푹 숙이고 숨죽이고 있는 아들을 발견하였다. 그런데 이번에도 엄마는 이상하다. 혼내지 않으신다. 두려움에 벌벌 떨고 있는 아들을. 조용히 안아주신다. 한참을 그렇게. 그리고 맛있는 저녁밥을 차려주신다. 아무 일 없다는 듯이. 이번에도 어머니의 사랑이 느껴진다. 너무나도 큰 사고를 친 아들이 놀랄까 봐 혼내기보다 그저 안아주셨던 어머니. 그 사랑의 손길이 선명하게 뇌리에 새겨진다. 어머니는 아들을 진정으로 사랑하셨던 것이다.

어른이 된 골목대장은 그 사랑을 또다시 경험해 본다. 삶을 살아보니 죄를 피할 수 없다는 사실을 알게 되었다. 골목대장이 감당할 수 없었던 사고는 살면서 많이 찾아온다는 사실을 경험하였다. 그리고 두려움에 떨며 숨죽이고 있을 때 하나님 아버지는 조용히 안아주시는 분임을 확인하였다. 마치 어머니가 놀란 아들을 그저 안아주었던 것처럼. 그 사랑이 느껴졌기에 사고뭉치였던 골목대장이 목사가 되었나 보다.

남보다 느린 아이
(환경에 의한 발달장애 or 진짜 장애?)

"그러나 이 모든 일에 우리를 사랑하시는 이로 말미암아
우리가 넉넉히 이기느니라."
-로마서 8장 37절-

골목대장의 어린 시절은 조금 이상하다.

국민학교에 입학하기까지 말을 잘 못했다. 당연히 받아쓰기는 매일 빵점. 일곱 살이 된 나는 '포크레인'도 발음이 안 돼서 '포코롱' '포코코'라고 불렀으니, 뭔가 모자라 보이는 게 당연했다. 성격 때문일까? 환경 때문일까? 아마도 둘 다이지 않을까 싶다.

골목대장의 부모님은 항상 바쁘셨다. 농사일이 원래 그렇다. 해가 뜨자마자 아빠는 논으로, 엄마는 밭으로. 해가 져야 집으로 오시니 나는 늘 집에서 혼자 놀아야 했다. 국민학교 들어가기 전까지는 친구도 없었다. 아니 어쩌면 돌멩이가 친구고, 나무가 친구고, 진흙이 친구였을지도. 그러다 보니 나는 말하는 법을 배우지 못했다. 그래서일까. 그저 흔들리는 나무의 나뭇잎을 지켜보는 것만으로도 시간이 잘 간다. 흐르는 물의 물결을 보고 있어도 시간이 잘 간다. 푸른 하늘에 지나가는 구름을 그저 지켜볼 뿐인데도 지루하지 않다. 그렇게 나는 말하는 법을 배우지 못해도 전혀 불편함이 없었다. 그럼, 역시 성격 탓일까? 어쩌면 그럴지도 모른다. 나는 처음부터 사고뭉치는 아니었다. 소심했으니깐. 자연이 친구다 보니 사람들과 지내는 것이 어색할 뿐이다. 그리고 사람들과 대화 자체를 시도하지 않았다. 나는 소심하니깐. 그런 점에서 성격 탓일 수도 있다. 그런데 다시 생각해 보면 나의 느림은 성격 탓인 것도 있지만 환경 때문인 것도 맞는 것 같다.

가만 보면 세상은 나름의 기준이 있는 듯하다. 그 기준에 골목대장은 못 미쳤다. 국민학교 1학년 담임 선생님이 그렇게 생각한 듯하다. 그런데 1학년에서 끝나지 않았다. 초등학교 6학년 담임 선생님도 그렇게 생각하였으니. 국민학교로 입학하여 초등학교로 졸업한 나는 그래도 선생님의 배려를 감사하게 생각한다. 모자란 아이인 줄 알고 남들 사십 분 시험 시간을 한 시간 반이나 줬으니깐. 그런데 이상하다. 중학교에 가서도 그 배려는 멈춰지지 않았다. 중학교 국어 선생님은 종종 수업 시간에 학생을 지명해서 소리내어 책을 읽게 하셨다. 그런데 골목대장은 시키지 않으셨다. 아니 한번 읽어보라 하셨는데 골목대장은 더듬거리면서 읽었다. 한 문장도 온전하게 읽은 문장이 없다. "해, 해야 솟..솟아라. 마..말..갛게 씨..씻은 얼굴. 고..고운 해야 소..솟아..라" 아직도 기억나는 박두진 시인의 해야 솟아라. 아마도 그 시조차 또박또박 읽지 못하는 모습에 국어 선생님이 더 이상 책 읽기를 시키지 않은 듯하다. 이 또한 골목대장을 위한 배려일수도. 이 정도면 눈치라도 챘어야 했는데 골목대장은 눈치도 느린 듯하다. 그 느림이 장애라 생각하지 않았으니. 그런데 지금 와서 생각해보니 부모님의 생각은 다를 듯하다.

엄마는 남들보다 느린 아이를 보며 무슨 생각을 하셨을까? 어른이 돼서야 어머니에게 물어본다. "엄마, 저 맨날 받아쓰기 빵점 받아올 때 무슨 생각 하셨어요?" 어머니의 대답은 놀라웠다. "바보인 줄 알았지!" 어머니는 진심으로 아들이 바보인 줄 아셨던 것 같다. 그런데 아무리 기억을 되돌려 봐도 어머니가 아들을 바라보는 시선에 걱정의 눈빛은 없었다. 부족함이 보여도. 다른 아이와 비교가 되어도. 엄마의 눈빛은 한없이 자애롭고 따뜻한 눈빛이었으니깐. 세상의 기준으로 나는 바보가 맞았을 것이다. 남들보다 조금 느렸으니깐. 아니 많이 느렸으니깐. 그런데 엄마의 기준은 세상의 기준이 아니었나 보다. 아들 하나만 바라봤으니, 걱정보다 사랑을 선택하셨을지도. 결국 그 사랑이 이긴 듯하다. 지금은 말도 더듬지 않고 책을 똑바로 읽을 수 있으니. 바보인 줄 알았던 아들이 All A+로 성적 장학금도 받아왔으니, 엄마는 틀리지 않은 듯싶다. 이쯤에서 사람들에게도 알려주고 싶다. 느림은 걱정거리가 아님을. 어머니의 사랑이 느림을 이겼노라고.

실패는 꿈을 향한 발걸음

첫 고백의 아픔(사랑에 대한 배신)

어머니의 사랑으로도 골목대장을 찾아온 어둠을 이겨내지 못한듯 하다.

누구나 그렇듯 처음 겪는 아픔은 적응이 어렵기 때문이지 않을까. 골목대장이 이제는 중학생이 되었다. 이성에 전혀 관심 두지 않았던 나는 예기치 못하게 이성을 보게 되었다. 내가 다니던 학교에는 사물함이 복도에 있었다. 그래서 수업 시간이 바뀔 때마다 복도에 나가서 교과서를 바꾸는 일은 늘 있던 일상이다. 그리고 1학년은 남자 반, 여자 반 나뉘어져 있다. 그러니 이성과 접촉할 일이 없는 것이 맞다. 그때까지만 해도 이성에 관심이 없던 나는 이성 때문에 가슴앓이를 하게 될 줄은 상상도 못 했다.

그렇게 그날이 왔다. 평소와 같이 복도에서 책을 정리하고 있었다. 그런데 누군가가 나를 부른다. 세 명의 소녀였다. 그중 가운데 있는 소녀가 말을 걸어왔다. “저기. 혹시 영어책 빌려 줄 수 있어?” 얼굴만 알고 이름도 몰랐던 소녀의 부탁에 선뜻 빌려주고 말았다. 가슴앓이는 그때부터 시작되었다. 낯선 소녀가 말을 걸어왔기 때문이 아니다. 문제는 교과서였다. 그날 진행된 수업이 자기소개였나 보다. 빌려준 책에 자기소개를 작성해 둔 것이다. 내 책인데…. 이름. 혈액형. 좋아하는 색깔. 집 주소. 또박또박 필기 되어 있는 여러 가지 정보들이 나의 뇌리에 박히게 되었다. 정보들 때문인가? 자꾸 시선이 간다. 점점 그 친구의 정보가 더욱 늘어나게 되었다. 공부도 잘하고. 미술도 잘하고. 엄지손가락을 물어뜯는 습관까지. 사랑이 서툴러서일까? 관계가 서툴러서일까? 그 마음을 당사자가 아닌 가장 친한 친구에게 털어놓았다. 그렇게 삼 년. 이제 소문도 제법 났다. 소년이 소녀를 좋아한다고. 그래서인가? 어느 날 소녀가 소년에게 따로 만나자고 한다. 수업이 끝난 한적한 교실. 괜한 기대를 하고 갔던 그 교실은 예상치 못한 이야기에 상처만 남게 되었다. "혹시…. 내가 너랑 가장 친한 친구와 사귀어도 될까?" 얼떨결에 나는 대답하고 말았다. "어. 사귀어. 둘이 좋아하면 사귀어야지." 그렇게 가장 친한 친구와 소녀가 사귀게 되었다. 이때만 해도 상처 받아도 괜찮은 줄 알았다. 그래도 어린 나이이니깐. 누가 누굴 만나든 상관이 없다고 생각했으니깐.

이제 고등학생이 되었다. 남고와 여고를 진학한 소년과 소녀는 만날 계기가 사라졌다. 그때 예상치 못하게 소녀에게 연락이 왔다. "YMCA 영화제작 동아리 같이 해보지 않을래?" 뜻밖의 제안에 관심도 없던 영화제작 동아리에 오디션도 보고 가입하게 되었다. 그렇게 다시 만남이 시작되었지만, 평행선을 유지하던 관계가 또 한 번의 사건으로 영영 평행선이 되는 일이 발생하였다. 영화제작 동아리에는 소년과 소녀만 가입한 것이 아니었다. 같은 중학교 동창의 또 다른 친구도 가입해 있었다. 그 친구는 내가 마음이 안 들었던 것 같다. 그래서일까? 우연히 동아리가 있는 건물 복도를 지나가다 계단 쪽 위층에서 둘이 이야기하는 소리를 들었다. 내 험담이었다. 나를 싫어하는 친구의 험담에 동조하고 있는 소녀를 보게 되었다. 하필 그때 소녀와 눈까지 마주치고 말았다. 그 후 동아리를 탈퇴하고 그 소녀와의 연락을 끊게 되었다.

그런데 이상했다. 이번 상처는 단순하지 않았다. 사춘기와 맞물려서일까? 사람이 싫어졌다. 만남도 싫어졌다. 이성은 더더욱 불편해졌다. 말도 못 붙이게 되었다. 그때 즈음부터인 것 같다. 내 마음이 고장나기 시작한 지점이. 그런데 또 이상했다. 이성에게 받은 상처인데, 남자들과의 관계도 썩 좋지 않았다. 나는 남고인데. 남자들뿐인데. 그렇게 혼자만의 시간을 가지게 되었다. 그게 이상하다 여기지 않으면서 그렇게 어둠에 머무는 것이 당연한 것처럼 여겨버리고 말았다. 슬픈 노래가 싫지 않다. 혼자 노는 것이 싫지 않다. 그렇게 나는 점점 더 고장이 심해졌다. 어머니의 사랑도 어둠에 머무는 나를 건져낼 수 없었다. 아마도 내가 어머니의 사랑을 느낄 마음의 여유조차 없기 때문이지 않을까. 그렇게 내가 감당할 수 없는 첫 번째 시련을 겪게 되었다.

혼자 있고 싶어요(몰입이 중독으로)

골목대장은 집중력이 좋은 편이다.

아마도 몰입을 잘하는 타입이라고 해야 할까? 초등학교 때 미술작품을 만들어 오라는 숙제가 많았다. 그러면 나는 몇 시간이고 정성 들여 작품을 만들곤 하였다. 최대한 성실하게. 만들기를 시작하면 단지 한 두 시간 동안 만들었던 것이 아니다. 그보다 많은 서너 시간 동안 오로지 만들기에만 집중하였다. 음악 숙제도 마찬가지다. 악기를 연습해 오라는 숙제가 주어지면 저녁 먹고 세 시간 이상은 쉬지 않고 연습하곤 하였다. 지금 생각해 봐도 몰입을 잘하는 성격이었던 게 아닐까?

그런데 그 몰입을 잘하던 좋은 성격이 내면에 상처가 생기자, 중독으로 바뀌어 버렸다. 유익한 일의 시간을 쓰기보다 즐거움에 시간을 쏟게 되었다. 바로 RPG 게임. 나는 RPG 게임의 무서움을 너무나 잘 알고 있다. 왜냐하면 RPG 게임은 대리만족을 주기 때문이다. 더 높은 레벨이, 더 좋은 장비가 나에게 주는 만족감이 컸다. 게임 접속 시간이 점점 늘어났다. 열 시간 연속 접속은 우스운 일이다. 그런데 하필 게임을 잘못 선택한 것 같다. 다른 캐릭터를 죽이는 게임이었으니. 그렇게 '남을 죽여야 내가 성공한다'라는 잘못된 생각도 자연스럽게 자리 잡게 되었다. 그런데 게임의 무서움일까? 중독의 무서움일까? 점점 감정이 메말라 갔다. 안 그래도 고장 난 마음이 더 고장 나 버리고 말았다. 기쁨, 즐거움이 무뎌졌다. 한편으로는 분노, 슬픔, 증오, 욕망도 무뎌졌다. 너무 감정이 메말라 버린 것이다. 그렇게 나는 영혼까지 병들게 되었다. 그때의 가장 큰 고민은 건강한 부모님을 두고 '부모님이 소천하셨는데 장례식장에서 눈물이 안 나면 어떡하지?'이었던 걸로 기억난다. 그 정도 나는 망가져 버린 것이다. 이것이 두 번째 시련이지 않을까.

사람들은 왜 살까?(원래 삶을 묵상하면 죽음이 찾아오나?)

나는 운동을 별로 좋아하지 않았다.

초등학교 때만 해도 그렇게 달리기, 수영, 각종 몸으로 하는 놀이를 열심히 했었는데 이상하게 중학생이 되고 난 후에는 몸 쓰기가 귀찮았다. 체육 시간 남자아이들은 한결같이 축구하느냐고 정신이 없었다. 그러나 나는 운동장이 훤히 보이는 언덕, 소나무 그늘 아래에서 친구들을 지켜보는 것이 일상이었다. 체육 시간이면 수업 시간인데도 체육 선생님은 나를 제재하지 않았다. 나름 인사성 밝은 모범생이었으니깐. 그렇게 체육 선생님도 나에게 배려 아닌 배려를 해주고 있었다. 그러면 나는 친구들을 지켜보면서 사색에 잠기곤 했다. 마치 말하는 법을 몰라 자연과 친구로 지냈던 시절처럼.

그때를 되새겨 보면 이런 생각들을 했던 것 같다. '사람들은 왜 살까?' '사람이 죽으면 어떻게 되지?' '우주는 드넓은데 우주에서 보는 나는 한 없이 작은 먼지보다도 못한 존재겠지?' 마치 유체 이탈을 연습하듯 상상으로 하늘에서 나를 내려보고, 더 높이 우주에서 나를 내려다보고, 태양계 밖으로도 나가서 나를 내려다보는 상상을 하였다. 그러면 나는 한없이 작은 존재가 되어 있었다. 그때 '죽음'을 묵상해 보니 죽음 뒤에는 '아무것도 없겠구나'라는 정의가 내려지곤 하였다. 죽으면 소멸할 거니깐. 영혼도 마찬가지로. 당시에는 그 생각이 진리인 줄 알았다. 그래도 나름 이성을 바탕으로, 내 기준의 과학적 사고로 내린 결론이었기 때문이다. 그렇게 삼차원의 세계에 갇혀서 나는 반복적으로 삶을 묵상하고, 그리고 죽음을 묵상하고 있었다. 그러다 보니 자연스럽게 삶의 의미는 찾을 수 없고 그저 시간이 흐르는 대로 시간을 보낼 뿐이었다. 그래도 그때는 자아가 건강할 때니 문제는 되지 않았다.

문제는 상처로 인해 내 영혼이 망가지고 난 후부터였다. 건전한 사색은 온데간데없다. 오로지 '어떻게 하면 편히 죽을까?' '삶이 무의미한데 왜 계속 살아야 하지?' '그만 살고 싶다.' '내 삶이, 내 영혼이 소멸하였으면 좋겠다.' '이왕이면 소멸하여 아무도 나를 기억하지 않았으면 좋겠다'라는 생각들로 가득 찼었다. 나를 기억하지 않는다는 것은 나의 과오, 실수, 실패도 아무도 기억해 주지 않는다고 여겼기 때문이다. 어쩌면 죄도 기억하는 신이 있어야 심판을 받는 것이기에 나에 대해 아무것도 기억하는 존재가 없었으면 하는 것이 당시 바램이었다. 그렇게 혼자만의 시간은 점점 어둠에 먹혀 빛이라고는 찾아볼 수 없는 삶으로 변해갔다. 지금 생각해 보면 그때 사춘기가 심했던 것일까? 우울증 증상이었을까? 정확하게 모르겠다. 다만 그때도 여전히 부모님은 나의 부족함을 늘 채워주시는 따뜻한 부모님이셨고, 늘 사랑으로 나를 돌봐 주셨다는 것이다. 그 점도 이상하다. 어쩌면 내가 사랑에 배가 불러 사랑받는 법도 까먹게 되었나 보다. 그래도 지역에서 나름 명문고인데, 대학 갈 생각은 안 하고 그렇게 나는 삶을 정리하는 훈련만 했던 것 같다. 그렇게 죽음이 나의 세 번째 시련으로 찾아오지 않았나 싶다.

하나님의 걸작품 (하나님의 사랑)

어머니의 기도 (결국 사랑이 이겼네. 회복의 시작)

"이와 같이 성령도 우리의 연약함을 도우시나니 우리는 마땅히 기도할 바를 알지 못하나 오직 성령이 말할 수 없는 탄식으로 우리를 위하여 친히 간구하시느니라."

-로마서 8장 26절-

나의 방황은 쉽게 끝나지 않았다.

내 생각에 갇혀 아무리 생각해 봐도 문제에서 벗어날 수 없었다. 이것이 인간의 한계이지 않을까 싶다. 그렇게 삶이 죽음을 향해 전속력으로 달려가고 있을 때, 우연히 전화 한 통을 받게 되었다. 바로 부모님이 다니셨던 교회 사모님의 전화였다. 고등학교 졸업을 앞두고 마지막으로 교회 수련회에 참석해 보지 않겠냐는 권면의 전화였다. 평소의 나라면 그냥 거절해 버렸을 것이다. 그런데 그날따라 내 생각과 달리 마음은 다르게 움직이고 있었다. 마음이 움직여서일까? '뭐 졸업 전에 마지막으로 교회 한번 가고 끝내는 것도 나쁘지 않을 것 같네'라는 생각이 들었다. 그리고 그렇게 성인이 되기 전, 어쩌면 죽음을 선택하기 직전의 마지막 수련회에 참석하게 되었다.

수련회 장소는 속초의 작은 성결교회였던 걸로 기억이 난다. 작은 교회여서일까? 예배를 드리는 작은 예배당은 생각보다 썰렁하였다. 추운 겨울의 날씨를 고스란히 느낄 수 있는 집회 장소였다. 시골 교회의 수련회는 프로그램이 딱히 없다. 지금의 대형 교회의 수련회 프로그램처럼 구성이 알차지도 않았다. 학생들의 재미를 이끌만한 순서는 거의 없다. 그렇다고 탁월한 강사가 오는 것도 아니다. 그래서일까? 역시 내 기대에 미치지 못한 수련회였다. 내 굳은 결심은 그대로 진행해도 될 만큼 별 내용 없는 수련회였다. 그런데 그 생각을 했을 때쯤부터 이상해지기 시작했다. 수련회의 꽃은 밤이라고 해야 할까? 솔직히 강사님의 말씀은 귀에 들어오지도 않았다. 무슨 말씀을 전하셨는지 지금도 생각나는 것이 하나도 없다. 그런데 기도회가 시작된 후부터 의문점이 들기 시작했다. 당시 무릎을 꿇고 기도하였던 스무 명 정도의 학생, 청년들의 기도가 이상했다. 간절히 부르짖는 기도의 소리가 들렸다. 더 이해가 가지 않았던 것은 눈물을 흘리며 뜨겁게 기도하던 청년들의 기도가 이해되지 않았다. 나는 전혀 공감하지 못한 채 그날 밤을 보내야 했다. 성령의 역사가 무엇인지도 모른 채 그렇게 밤이 흘러간 것이다.

어느 교회를 가더라도 수련회를 1박 2일로 하는 교회는 없는 듯하다. 내가 마지막이라 생각하며 참석한 수련회도 2박 3일 동안 진행되는 수련회였다. 그래서일까? 또 밤이 찾아왔다. 오늘은 더 이상했다. 왜냐하면 어제보다 더 뜨거운 기도 소리가 들려왔기 때문이다. 더 이상한 것은 뜨거운 기도 소리와 함께 눈물 소리가 예배의 현장에 번져가고 있었기 때문이다. 나는 도저히 이해되지 않았다. 또한 공감도 전혀 할 수 없었다. 어쩌면 당연한 일일 것이다. 나는 교회의 외부인이었으니깐. 그런데 그 순간 갑자기 머릿속에 생각들이 스쳐 지나갔다. ‘저 사람들이 왜 저렇게 간절히 기도할까?’ ‘뭐 때문에 저렇게 눈물 흘리며 기도하는 것일까?’ 어제도 그렇고 오늘도 기도회 시간은 결코 짧게 끝나지 않을 것 같았다. 그만큼 나는 사색할 수 있는 여유도 있었다. 많은 의문점을 가지고 고민하기 시작하였다. 다른 사람들은 하나님과 깊은 교제를 하는 중인데, 나는 고작 사색에 잠겨 있었다. 내 안에서 답을 찾으려 하니 도저히 답을 찾을 수 없었다. 그래서 나는 큰 결심을 하였다. 그분을 찾아보겠노라고. 당시에는 하나님이라는 호칭도 어색할 때였다. 그래서 우습게도 나의 첫 기도는 정상적인 기도라고 말하기에는 한없이 부끄러운 기도였다. 나는 내 인생 처음으로 기도라는 것을 마음속으로 해보았다. '신이여. 당신이 정말 존재하십니까?' 하나님이라는 호칭도 바로 생각이 나지 않아 신이라 불렀다. 뭐라도 한마디를 더 해야 할 것 같은 강한 마음이 들었다. 그래서 나름 간절히 속으로 또 다른 질문을 던져보았다. '당신이 살아있다면 저에게도 알려주세요.' 하나님은 중심을 보시는 분이라고 했던가? 나의 수줍은 고백에, 또한 나의 간절한 기도에 하나님이 움직이셨다.

뜨거운 기도회가 있던 교회는 여전히 추운 곳이었다. 그리고 내가 처음으로 기도라는 것을 하기 직전까지만 해도 너무 썰렁한 곳이었다. 그런데 신기한 일이 벌어졌다. 여전히 다른 사람들이 뜨겁게 기도하고 있음에도 나의 수줍은 고백이 끝나자마자 다른 사람의 기도 소리가 들려지지 않았다. 그리고 갑자기 너무나 따뜻해졌다. 어쩌면 너무나 포근한 느낌이 강하여 '따뜻하다'라고 착각을 한 것일지도 모르겠다. 그때 감히 상상할 수도 없는 엄청난 존재가 나를 꼭 안아주는 느낌을 받았다. 그와 동시에 스쳐 지나가는 생각과 함께 나는 이런 고백을 하고 있었다. '당신은 정말 살아계시는군요' 그때부터 내 눈에는 눈물이 하염없이 흘러내리고 있었다. 그건 결코 슬퍼서 나는 눈물이 아니었다. 그렇게 내 눈에는 한 시간이 넘도록 눈물이 멈춰지지 않았다. 나는 호기심이 강하다. 그래서일까? 신기한 현상을 경험하는 중에도 이것저것 확인하는 나 자신을 발견하였다. 눈물이 흐르는데 눈을 떠본다. 그래도 눈물이 멈춰지지 않았다. 눈을 감아 보았다. 그래도 눈물이 멈춰지지 않았다. 그렇게 한 시간 반 동안 눈물이 그치지 않았다. 결국 나는 기도라는 것을 또 해야 했다. 이번엔 호칭도 정확하게. '하나님 이제 알겠어요. 눈물을 멈추게 해주세요.' 그리고 난 후에야 흐르던 눈물이 멈추었다. 그렇게 생전 처음 성령 체험이라는 것을 한 것이다.

지금 되돌아보면 그 수련회는 참으로 이상했다. 어쩜 그리도 급박하게 하나님은 나에게 찾아오셨을까? 그 답은 생각보다 쉽게 찾을 수 있었다. 왜냐하면 기도하는 법을 배웠기 때문이다. 궁금한 것이 있으면 하나님께 기도해서 물어보면 되는 것이다. 그래서 나는 하나님께 물어보았다. 그것도 소리내어서. "하나님, 그때 왜 그렇게 급하게 부르셨어요?" "기적 같은 일을 저에게 왜 허락하신 거였나요?" 그때 하나님께서는 한 장면을 떠올리게 해 주셨다. 바로 어머니의 기도였다. 사랑하는 아들의 방황을 여느 때와 같이 그저 묵묵히 기도로 인내하셨던 어머니의 기도. 아들의 죽음을 직감하셨을까? 육년이 넘는 시간을 새벽마다 하나님께 부르짖으며 호소하셨던 어머니의 모습이 떠올랐다. 실제로 그랬으니깐. 이것이 어머니의 사랑이지 않을까. 세상 사람들도 어머니의 사랑을 경험할 것이다. 그러나 어머니의 사랑에 하나님의 사랑이 더해지면 그때 비로소 기적이 일어나는 것 같다. 어쩌면 첫 성령 체험에서 하나님께서 안아주는 듯한 느낌은 여덟 살 골목대장이 너무나 큰 사고를 쳐 방구석에서 벌벌 떨고 있을 때 안아주었던 엄마의 포옹하고 참으로 비슷하다는 생각이 든다. 내가 어찌할 수 없는 삶의 무게 속에서 그저 안아주었던 엄마의 포옹처럼. 하나님은 삶의 무게를 이기지 못해 버거워할 때 여지없이 그렇게 안아주신 것이다. 그래서 하나님 아버지이신가 보다.

회복도 과정이 필요하네
(병도 한 번에 고칠 수 없듯이 아픔도 한 번에 안 되네)

"사랑하는 자들아, 하나님이 이같이 우리를 사랑하셨은즉
우리도 서로 사랑하는 것이 마땅하도다."
-요한일서 4장 11절-

이제는 하나님을 알게 되었다.

그렇다고 그동안 안 좋은 습관으로 인해 병든 삶이, 영혼이 바로 고침을 받은 건 아닌 것 같다. 아니면 내 경우가 다른 경우일 수도 있겠다는 생각도 든다. 누군가는 성령 체험 한 번으로 단번에 고침을 받기도 하겠지만 나는 그렇지 않았다. 성령 체험은 하나님과의 만남의 시작일 뿐이다. 하나님을 만났지만, 여전히 내 마음은 고장 나 있었다. 감정을 잘 느끼지 못하였다. 공감의 능력도 떨어졌다. 더욱이 혼자 지내던 습관으로 인해 다른 사람과의 관계를 어떻게 맺어야 할지 하나도 몰랐다. 당연히 모든 것이 서툴렀다. 어설펐다. 그래서 오해도 많이 샀겠다는 생각도 든다. 그때 내가 할 수 있는 것이라곤 기도뿐이었다. 그래서 기도라는 것을 무작정 시작하였다. 그리고 이왕이면 기도는 교회에서 하는 것이 좋겠다고 생각했다. 그래서 그때부터 그냥 교회에서 살았다. 그것도 일 년 반이라는 시간을.

당연히 교회에서 먹고 자는 생활을 하기 위해서는 담임목사님의 허락이 필요하였다. 그런데 오히려 먼저 교회에서 지내는 것을 허락해 주셨다. 그렇게 나는 하나하나 망가진 부분을 고침 받기 시작하였다. 예배를 통하여, 봉사를 통하여, 성경공부 모임을 통하여 망가진 부분이 하나씩 고쳐지기 시작하였다.

물론 시행착오가 없던 것은 아니다. 지금 생각해 보면 당시 믿음의 공동체가 얼마나 나를 위해 헌신하였는지 분명히 기억하고 있다. 스무 살 청년이 백수가 되어 교회에서 먹고 자겠다고 선포하며 빈대 노릇을 하는데도 삼십 대 초반이었던 사모님은 먹이고, 재우고, 그뿐만 아니라 신앙교육도 소홀히 하시지 않으셨다. 주중에 세 시간 동안 진행된 성경 공부는 아직도 믿음의 유산으로 자리 잡고 있으니 확실하게 헌신하셨던 것이 분명하다. 그렇다고 내가 영양분을 주는 만큼 쑥쑥 자랐던 것도 아니다. 아직도 부끄러운 추태가 기억난다.

어느 주일 날 점심이었다. 팔십여 명의 성도들이 기쁨과 즐거운 속에서 점심을 먹고 있었다. 그때 나는 주방 봉사로 설거지하고 있었다. 근데 같이 봉사하는 분과 시비가 붙었다. 감정이 고장 난 나는 그만 주방의 접시와 물건들을 집어 던지며 난장판을 만들고 집으로 가버렸다. 모든 성도는 그 광경을 보면서 패닉에 빠졌다. 복된 주일날 하나님께 기쁨으로 예배를 드리고 교제의 시간을 보냈는데 그만 나의 깽판을 모두가 목격한 것이다. 어쩌면 죽었던 감정이 다시 살아나려나 보니 혈기도 살아났던 것 같다. 이처럼 나는 애써 공든 탑을 세웠다가도 나 스스로 탑을 무너뜨리는 일들을 반복하였다. 지금에서야 당시 같이 신앙생활을 하였던 사람들과 이야기할 때, 내 별명이 '공든 탑 무너뜨리기'였다며 웃으며 이야기하지 당시에는 심각한 문제였다. 그런데 그 심각한 문제를 품어주는 사람들이 있었다. 바로 믿음의 공동체인 교회 성도들이었다. 내가 실수해도. 혈기를 부려도. 고집을 피워도 인내와 사랑으로 포용해 주었던 성도의 사랑을 잊을 수가 없다. 그렇게 한 명의 목회자가 빚어지고 있었다.

그 공동체의 사랑이 게임 중독자를 게임 중독에서 벗어나게 하였다. 감정이 죽어버려 표현이 서툴렀던 사람이 이제는 표현이 제법 자연스러워졌다. 너무 웃지 않아서 웃는 게 어색했던 사람이 이제는 그나마 웃는 표정이 자연스러워졌다. 그렇게 나는 단번의 고침이 아닌, 많은 분의 사랑을 먹으며 조금씩 고침을 받았다. 그리고 지금도 여전히 나는 성도의 사랑을 먹으며 고침 받고 있다. 그래서 나는 행복한 목사라 생각하고 있다.

아, 과정도 하나님의 작품이었어 (작품은 완성형이 아닌 과정이다)

"내가 그리스도와 함께 십자가에 못 박혔나니 그런즉 이제는 내가 사는 것이 아니요 오직 내 안에 그리스도께서 사시는 것이라 이제 내가 육체 가운데 사는 것은 나를 사랑하사 나를 위하여 자기 자신을 버리신 하나님 아들을 믿는 믿음 안에서 사는 것이라."
-갈라디아서 2장 20절-

여전히 나는 평범한 목사이다.

내 나이 또래가 되면 다들 장점 하나를 장착한다고 한다. 찬양을 잘하던가. 설교를 잘하던가. 기획을 잘하던가. 관계를 잘하던가. 어쩌면 당연한 일일 수도 있다. 같은 일을 십 년 하면 프로가 되는 게 정상일 테니. 그래서 일만 시간의 법칙도 있지 않은가. 그런데 여전히 나는 특출 나게 잘하는 것이 없다. 여전히 평범한 목사인 것이다. 그래서 교회 면접을 볼 때도 자기가 잘하는 분야를 강조해야 하지만 나는 두루뭉술하게 이야기하는 경우가 많았다. 아니면 괜히 성실을. 정직을. 진정성을 어필하는 나 자신을 발견하곤 하였다. 사실 딱히 잘하는 게 없으니깐.

어쩌면 나의 현재 모습은 당연한 결과일 수 있다. 남들보다 느린 아이가 맞으니깐. 열심히 달려가야 겨우 다른 친구들과 나란히 서 있는 나 자신을 발견하기 때문이다. 그렇다고 나는 나 자신이 실패

작이라고 여기지 않는다. 그리고 현재의 내 모습이 미완성이라고 생각하지도 않는다. 또 지금의 내 모습을 보면서 좌절하지도 않는다. 부족한 모습에 불안하고 초조해하지도 않는다. 그냥 있는 모습 그대로를 인정할 뿐이다. 지금, 이 순간이 하나님의 최고 걸작품이라고 여기면서 말이다. 그리고 실천할 뿐이다. 그 실천이 때로는 실수일 수도 있다. 난감한 상황을 발생하기도 한다. 낯부끄러운 일이 되기도 한다. 그래도 나는 실천한다. 그래야 하나님이 기뻐하시니깐.

나는 주님께 삶을 드린 사람이다. 그런 사람이 어찌 불만을 이야기할 수 있을까? 그저 주어진 것에 감사하며 내가 할 수 있는 일에 최선을 다할 뿐이다. 그래서 나는 여전히 목표가 애매하다. 어떤 목사가 되겠노라. 어떤 교회를 세우겠노라. 어떤 업적을 남기겠노라. 그러한 것들이 없다. 그저 무명이라도 좋으니, 하나님께 평생 쓰임받기를 바랄 뿐이다. 단지 소원이 있다면 하나님의 음성이 평생 들려지기를 바랄 뿐이다. 왜냐하면 그 음성이 오늘도 나를 살게 하기 때문이다. 그래서 나는 생각한다. 목회를 그만둔다면 삶을 살아갈 이유가 없다고. 그래서 오늘도 목회라는 것을 가지고 씨름하고 있다. 그래야 목사일 테니.

부족한 종을 사용하시고 은혜 주시니 하나님께 감사와 찬양과 영광을 돌립니다.

사모로 빚어 가신 하나님

서유석 사모

영문학을 전공하고 교편생활을 하다가 교육전도사 남편을 만나 사모로 부르심을 받았다. 언론대학원에서 [교회학교에서의 미디어교육]이라는 논문을 썼다. 하나님이 주시는 힘으로 교회와 성도를 잘 섬기고 싶은 아름다운 수정교회의 행복한 사모다.

어린 시절 하나님을 만나 선교에 뜻을 품어 사모가 된 이야기, 믿음의 본이 되는 시부모님, 고마운 자녀들 그리고 사모의 내조 이야기를 담고 있다.

어린 시절에 만난 하나님

교회에 가게 된 이유

우리 집은 유교적 전통이 강한 집안으로 어려서부터 제사가 많은 집이었다. 예수 믿던 엄마는 가부장적인 가정의 장남에게 시집와서 순종으로 집안의 대소사를 감당하며 시부모님을 모셨다. 그러던 우리 가족이 처음 교회에 간 것은 우리 오빠 덕분이었다. 오빠가 어렸을 때 화곡동 교회 소년부 축구팀에 소속이 되어 있었는데 오빠가 나오는 축구경기를 구경하기 위해서 할아버지 할머니까지 교회에 가게 되었다. 그리고 크리스마스 때 우리 가족은 연극에 등장하는 오빠를 보기 위해서 교회 예배당에 갔었다. 그때 오빠가 맡은 배역은 지금 생각해 보니 헤롯 왕이었는데 내용을 잘 모르는 우리 식구들은 오빠가 그저 임금으로 나오는 것을 신기하게 생각하며 관람하였다. 이 시점부터 하나님은 우리 가족을 부르기 시작하셨다. 교회에서 하는 행사는 행사로만 끝나는 것이 아니라 하나님의 섭리와 계획 속에 초대받은 한 생명을 통하여 그의 온 가족이 구원받을 수 있는 동기가 된다. 또한 우리가 기도하며 섬기는 교회학교의 작은 한명 한명이 주님의 은혜로 빛과 소금의 사명을 감당하는 백부장이 되어 이 시대의 대안과 소망이 되기를 늘 기도한다. 우리 수정의 다음 세대를 통하여 이 시대를 분별하며 인구문제 환경문제 식량문제 에너지문제 통일문제 등을 해결할 수 있는 요셉과 다니엘 같은 세계적인 인물이 나오기를 늘 기도하고 있다.

어린 시절 치유를 통해서 만나주신 하나님의 은혜

어느 봄날 나는 머리가 너무 아파서 학교에서 일찍 집으로 조퇴하였다.

엄마는 앞집에 사는 아주머니의 권유로 그분의 교회에서 하는 부흥회에 가려고 준비 중이셨고, 나는 머리가 아프다며 엄마에게 걷기도 힘들고 몸이 좋지 않다고 말씀드렸다.

엄마는 이미 부흥회에 가기로 약속하셨기 때문에 아픈 나를 데리고 함께 집회에 참석하셨다. 부흥 강사님의 열정적인 집회가 끝난 후 누군가 내가 아프다고 말씀드렸고 나는 강사 목사님의 기도를 받은 후 깨끗하게 두통이 고침을 받았다. 처음 겪어본 일이었지만 나는 하나님께 너무나 감사하였고 좋으신 그분에 대한 친밀감과 신뢰와 깊은 믿음이 생겼다.

하나님은 당신을 의지하는 자를 외면하지 않으시고 기도에 반드시 응답해주신다는 강한 믿음이 체험을 통하여 생긴 것이다.

그 후에도 손에 땀이 많이 나는 다한증으로 고민하던 것이 기도하며 좋아졌고, 어려서부터 비위가 약하여 차만 타면 토하고 괴로워했던 멀미도 기도와 믿음으로 낫게 되었다. 그러한 체험은 나의 믿음이 견고해지는 계기가 되어 무슨 일이 생기든 먼저 하나님께 기도로 상의하는 습관을 갖게 해주었다. 지금은 다시 안경을 쓰지만 역시 기도와 간구로 오랜 기간 시력이 회복되어 안경을 벗은 적도 있었고 추울 때면 송곳으로 찌르는 것같이 아팠던 귀의 통증도 기도할 때 깨끗하게 고침 받은 적이 있다.

우리 하나님은 전능하신 창조주이시고 우리를 그분의 모양과 형상으로 만드셨기에 우리의 허물과 죄악도 사하셔서 자유하게 하시며 믿음으로 구하는 심령의 기도에 응답하사 병든 자를 고치시고 우리를 온전케 하시는 분이다. 이것은 나의 신앙고백이 되어 일상의 모든 만남 속에 적용하고 있다. 이사야 61장 1~3을 보면 구원의 아름다운 소식에 대한 글이 있다. 이글을 예수님께서 누가복음 4장 18~19절에 인용하기도 하셨다.

"주 여호와의 영이 내게 내리셨으니 이는 여호와께서 내게 기름을 부으사 가난한 자에게 아름다운 소식을 전하게 하려 하심이라 나를 보내사 마음이 상한 자를 고치며 포로 된 자에게 자유를 갇힌 자에게 놓임을 선포하며 여호와의 은혜의 해와 우리 하나님의 보복의 날을 선포하여 모든 슬픈 자를 위로하되 무릇 시온에서 슬퍼하는 자에게 화관을 주어 그 재를 대신하며 기쁨의 기름으로 그 슬픔을 대신하며 찬송의 옷으로 그 근심을 대신하시고 그들이 의의 나무 곧 여호와께서 심으신 그 영광을 나타낼 자라 일컬음을 받게 하려 하심이라" 아멘(사 61:1-3) 이 말씀은 나의 사명선언문이 되어 늘 마음에 품고 묵상하는 생명수가 되었다.

중등부에 다니던 사춘기 시절

나는 화곡동 교회 중등부에 다녔었다. 나름대로 성실하게 예배에 잘 참석하고 꼬박꼬박 나갔지만, 그 큰 교회에서 나는 존재감이 없는 아이였다. 그 당시 인기 있고 선생님의 사랑을 독차지하는 아이들은 부모님이 교회에서 봉사도 하시고 형제들이 모두 교회에 오랫동안 다닌 아이들이었다. 중등부 임원들도 심지어 선생님들도 나를 잘 알지 못했는데 이것은 그 당시 사춘기를 보내던 내가 교회만 가면 주눅이 들었던 이유이기도 하였다.

어느 날 주보에 내 이름이 나온 것을 보았다. 그때는 헌금 담당 봉사

자들이 헌금주머니를 들고 예배당을 돌아다녔는데 내가 헌금위원이었던 것이다. 나는 그다음 주에 긴장한 마음으로 일찍 일어나 중등부 예배실에 가서 헌금을 걷기 위하여 대기하고 있었다. 그런데 갑자기 당시 중등부 회장, 부회장이 주변을 둘러보더니 유석이라는 아이가 안 왔다고 생각을 했는지 헌금 주머니를 들고 나를 대신하여 헌금위원 봉사를 하는 것이었다. 나는 내가 오늘 헌금위원이고 이렇게 왔노라고 말할 용기가 없었다. 그런데 갑자기 저쪽에서 어떤 아이가 나를 바라보더니 하는 말이 들려왔다.

"어, 저기 서유석 왔는데, 왜 임원들이 헌금위원을 하냐?!"

그 순간 나는 귀까지 얼굴이 빨개져서 예배가 끝나자마자 도망치듯 뛰어 집으로 왔다. 내가 왔는지도 안 왔는지도 모르는 아이들과 선생님들 속에서 스스로가 초라하게 느껴져 참 서운했던 기억이다. 그때 내가 가장 부러워했던 아이들은 부모님과 교회 다니는 아이들이었다. 다른 사람들과 교제가 없더라도 가족이 함께 있는 것만으로도 얼마나 든든하고 행복할까?

모든 것은 하나님의 은혜인데 그것을 알고 있을까?

나중에 교회학교 교사로 봉사할 때 나는 그런 경험 때문에 혼자서 교회 다니는 아이들에게 더 마음이 쓰였다 "너희들은 복의 근원이란다. 너를 통해서 너의 부모 형제가 구원받고 복을 받을 거야. 너희는 왕고구마야 정신 바짝 차려야 한다. 너희에게는 주렁주렁 딸린 식구가 많아! 네가 살아야 다 산다. 철석같이 포도나무 되시는 예수 그리스도께 꼭 붙어 있어야 해.

그래야 너도 살고 너를 통해 네 주변도 살 수 있단다. 힘을 내어 주님께 단단히 붙어있자."

교회에서 우리의 작은 관심과 배려, 친절과 미소가 교회 공동체를 낯설어하고 힘들어하는 누군가에는 커다란 힘과 소망과 위로와 기쁨 될 수 있을 것이다.

"주 예수를 믿으라 그리하면 너와 네 집이 구원을 얻으리라."

이것은 완벽한 진리요 살아계신 하나님의 변치 않을 말씀이다. 때로는 낙심되고 피곤할지라도 능력의 이 말씀을 의지하여 부모 형제 자녀 친지들을 위하여 늘 기도하고 말씀을 살아냄으로 복음의 증인이 되어야겠다.

사모로서의 삶의 시작

지금까지 지내온 사모의 삶을 되돌아보면 모든 것이 하나님의 은혜이다.

이 세상의 모든 영광은 다 우리 주님의 것이기에 감사와 존귀와 찬양을 오직 주님께만 올려드린다. 1997년 11월 한 교회에서 교육전도사였던 남편과 결혼식을 올리며 나는 사모가 되었다. 하나님의 부르심에는 후회하심이 없다는 말씀을 붙잡았기에 내 모습이 때로는 약하고 부족하여도 완전하고 신실하신 주님의 약속을 신뢰함으로 이겨냈다. 사모라는 호칭 이전에 나는 사랑받는 딸이요 아내이고 엄마임을 항상 기억하려 힘썼고, 내 잔이 넘쳐야 흘려보낼 수 있다는 진리를 알았기에 늘 배우며 채우려고 노력하였다. 그럼에도 불구하고 사역의 성공과 목적이 우상이 되어 과정과 관계를 경시한 적은 없었는지 종종 부끄러운 마음으로 돌아보곤 한다. 주님의 뜻이 아닌 내 뜻을 앞세운 적이 얼마나 많았는지.

때로는 두려움과 나태함으로 주님 혼자 애쓰시는 것을 외면할 때가 얼마나 많았는지.

이렇게 부족한 자도 버리지 않으시고 고쳐 쓰시는 주님의 깊은 사랑에 눈물이 난다. 소유가 아닌 존재가 더 소중하다는 에릭 프롬의 글처럼 주님은 내가 성취한 것이 아닌, 있는 모습 그대로의 나를 기뻐하시고 인정하시고 사랑하신다. 세상의 성공보다 주안에서의 승리가 바로 하나님 뜻임을 되새기며 부족한 자를 사모로 빚어 가신 하나님의 은혜를 나누고자 한다.

부모님을 살려주신 나의 하나님

어렸을 때 내가 붙잡은 하나님의 말씀은 "주 예수를 믿으라. 그리하면 너와 네 집이 구원을 얻으리라."는 말씀이었다. 예수님의 뜨거운 사랑을 알고 나서 나의 가장 큰 관심사는 내 부모 형제 가족이었기 때문이다. 내가 주님께 단단히 붙어있으면 내 가족이 구원받을 수 있다는 약속의 말씀을 어린 나는 굳게 믿고 있었다. 초등학교 때 부모님은 미국 펜실베니아의 피츠버그대학에 교환교수로 가게 되셨고 나는 화곡동 이층집에서 할머니 할아버지와 지내게 되었다.

할아버지는 아침 일찍 일어나셔서 동네 뒷산에 오빠와 나를 데리고 가셨고 산꼭대기에서 삶은 달걀과 들깨차를 사주셨다. 초등학생이 새벽에 할아버지를 따라서 산에 왔다고 나는 한비야처럼 동네 어른들의 칭찬을 듣곤 하였다. 집에 와서는 직접 붓글씨로 쓰신 천자문책과 명심보감을 가르쳐 주셨는데, 그래서인지 오빠는 할아버지의 소원대로 한자에 능통한 한의사가 되었다. 등산을 다녀와서 맛있는 아침밥을 먹고 학교에 가면 너무 일찍 도착했기 때문에 수업시간 전에 예습을 하였다. 솜씨 좋고 깔끔하신 할머니는 매일 계란찜을 해주시고 1주일에 두 번씩 고기반찬을 해주시며 사랑으로 돌봐주셨다.

덕분에 부모님이 안 계신 1년 동안 건강하게 잘 자랄 수 있었지만 지금 생각해보니 그때 주님은 부모님에 대한 그리움이 가득한 내 마음을 주님의 사랑과 은혜로 채워주신 것이었다. 나는 단짝친구들과 함께 멀리 떨어져 있는 작은 교회를 다녔었는데 마음속의 공허함을 채우려는 듯 참 열심히 신앙생활을 하였다. 교회에서 상영해준 7년 대 환란에 관한 영화를 보고 어린 나이에 구원과 심판, 천국과 지옥에 대하여 심각하게 고민했던 생각이 난다.

나는 집에서도 매일 기도 하였고 주일학교의 전도대에 들어가서 악기로 찬양하며 전도하였다. 작은북을 허리에 매고 시장 거리에서 북을 치며 노래하였다.

"저 거리를 방황하는 불쌍한 영혼들~ 그 가운데 나의 부모 내 형제는 없는가!"

1년 후 기다리고 기다리던 부모님의 귀국일이 다가왔다. 작은아빠, 삼촌, 친척들이 우리 집에 부모님의 귀국을 축하하기 위해서 모였다. 그러나 그때 부모님이 타고 오시기로 예정되었던 비행기는 1980년대 김현희의 KAL 비행기 폭파사건으로 세계를 떠들썩하게 하였던 바로 그 항공편이었다. 사고 소식을 들은 한국의 가족들은 비상 상황이었고, 모든 언론은 이 사건을 대서특필하였다. 뉴스에서는 계속 '앵커리지를 경유해서 오던 KAL 비행기가 납치되었고 폭파되었으며 실종되었다.'라며 탑승자명단을 발표하고 있었다. 초등학생이었던 나는 골방으로 들어가 홀로 울며 기도하였다.

"주님 부모님을 살려주세요! 살려주세요! 살려주세요!"

나중에 알고 보니 부모님은 출발 전에 미국에 사는 친구의 권면으로 다른 지역을 들렀다오기로 하시고 항공편을 급히 바꾸셔서 비극을 모면하였다.

학생 때부터 성가대로 봉사하셨다는 엄마는 꾀꼬리같이 아름다운 목소리로 미국 한인교회에서 떠나기 전 마지막 특송으로 "주 날개 밑에 거하라 주 너를 지키리."라는 찬송을 하셨다고 간증하였다. 어린 소녀의 절박한 기도를 들어주시고 엄마의 찬양 가운데 역사하신 하나님께서 부모님을 지켜주신 것이 지금도 너무나 감사하다.

그러나 당시 KAL 비행기 사고로 부모님은 함께 귀국하기로 하였던 신실한 동료를 잃었고, 수많은 사상자의 유가족들은 우리에게 남이 아니었다. 그때 천국에 가신 유 박사님은 미국 한인교회에서 가난한 유학생들을 천사처럼 대해주던 분이라고 하였다 깊은 슬픔을 통과한 우리는 넓고 크신 하나님의 뜻을 다 이해할 수가 없다. 그러나 분명한 것은 낮은 마음과 빚진 마음으로 남은 날을 계수하는 지혜를 구해야 한다는 것이다.

이삭 같은 배우자와의 만남

선교에 뜻을 품다

청년부에 다니던 시절 나는 청년부 중창단으로 봉사를 하였다. 예배 때마다 특송으로 찬양을 섬기던 우리는 그 당시 옹기장이, 솔티, 최인혁 찬양 콘서트 등에 함께 다녔었는데 그날은 신길 교회에서 열리는 송정미 사모 초청 경배와 찬양 예배에 같이 참여하였다. 그곳에서 은혜로운 찬양과 말씀과 기도 속에 나는 성령 충만함을 받고 참으로 즐겁고 행복한 시간이었다. 그런데 인도하시던 송정미 사모님이 회중을 향하여 선교에 헌신할 사람은 그 자리에서 일어나라고 콜링을 하였다. 성령 충만함을 받은 나는 뜨거운 마음에 주저 없이 일어났다. 주변에 나를 바라보던 선배와 동료와 후배들은 모두 깜짝 놀라서 나를 바라보았다. 나는 아랑곳하지 않고 뜨거워진 마음으로 선교를 위하여 앞으로 인생을 주님께 드리겠노라 굳게 다짐하였다. 경배와 찬양예배에 함께 간 동료들은 나를 걱정스러운 눈으로 바라보았다. 심지어 이번 찬양콘서트를 계획한 친구는 나에게 미안하다고 하였다. 나는 이해가 되기도 하고 이해가 안 되기도 하였다 그 후 나는 하나님께 올려드린 나의 이 결단을 지키기 위해서 항상 선교에 내 시선과 내 관심과 내 초점을 맞추게 되었다. 선교에 대해서 무지하였고 부모, 형제를 두고 아프리카로 떠날 자신은 없었지만, 그런 나의 눈에 문화선교라고 쓰여 있는 잡지의 문구가 쏙 들어왔다. 해외로 나가는 선교는 자신이 없었지만, 문화선교를 위해서는 뭔가 할 수 있겠다는 생각이 들었다. 대학에서 영어영문학을 전공하고 교직도 이수하여 교사 자격증을 땄지만, 진로를 문화선교의 영역으로 확장하기로 했다.

나의 전공과 지금까지 경험을 활용하여 다양한 선교를 위한 일에 힘쓰겠노라 다짐했다. 문화 선교 사역을 하고 있는 낮은 울타리 선교 단체를 찾아가게 되었고, 문화선교에 관심을 갖고 언론대학원에 들어가 미디어와 문화를 공부하였다 그때 내가 연구한 주제는 "교회학교에서의 미디어교육을 위한 실천방안연구"였다. 한동 대학교에 출강하시던 김연종 교수님의 소개로 선교단체를 찾아갔고, 그곳에서 나는 같은 비전의 문화선교사역을 감당하던 지금의 남편을 만나게 되었다. 하나님과의 약속을 지키고자 내가 할 수 있는 환경에서 최선을 다하였는데 하나님이 주신 비전이 이끄는 대로 순종하다 보니, 이삭 같은 믿음의 배우자를 만날 수 있었다.

더 감사한 기도의 응답은 신실한 배우자뿐만이 아니라 할머니로부터 내려오는 굳은 믿음이 전수되는 가정의 시부모님을 만난 것이다. 내가 시집와서 보고 들은 아버님과 어머님의 간증을 이 지면을 빌어 조금 나누고자 한다.

시아버님 이야기

우리가 결혼식을 올렸던 서울의 한 교회에서 부교육자 생활이 8년쯤 접어들면서 우리 가정은 안식과 재충전의 필요성을 느꼈다. 이 목사는 평소 기도하고 준비하던 대로 미국의 한 신학대학의 학위 과정에 입학

허가를 받았다. 나는 영어교사로 근무하던 학교에 동반 휴직을 신청하고 미국 연수를 겸하여 아이들을 데리고 몇 년간 유학 생활을 하기로 결정하였다. 그러던 어느 날, 갑작스러운 아가씨의 눈물 섞인 목소리의 전화를 받게 되었다.그때의 청천벽력 같은 소리에 놀랐던 때를 잊을 수가 없다. 우리 가족의 버팀목이자 기도 후원자이신 아버님이 암에 걸리셔서 수술을 받게 되었다는 소식이었다. 그날부터 우리는 기도 제목이 바뀌었다. 목회 중심, 사역 우선적 삶으로 잘 섬기지 못했던 부모님에 대한 안타까운 마음이 밀려왔다. 금식하고 기도하며 기도의 동역자들과 함께 철야하며 기다릴 때 하나님께서는 강한 불빛으로 아버님의 온몸을 고쳐주시는 환상을 보여주셨다. 감사와 찬송으로 영광을 돌린 후 하나님께 다음 사역지로 부모님을 가까이 모시며 목회할 수 있는 기회를 달라고 간구하게 되었다.모든 것을 합력하여 선을 이루게 하시는 신실하신 하나님께서는 우리의 기도에 응답하시어 부족한 우리 가정을 대전의 중심에 있는 성산교회로 옮겨주셨고, 하나님의 은혜로 사명을 잘 감당하도록 도와주셨다. 목회하는 바쁜 나날은 이전과 별다를 바 없지만 고향 가까이로 옮겨주신 은혜로 예전보다 더 자주 부모님을 만나며 함께 식사할 수 있는 기회를 갖게 되었다. 그동안 아버님은 주어진 사명을 성실히 감당하시고 두 번의 암을 극복하시며 아름다운 신앙생활의 본을 삶으로 보여주셨다. 지금도 기도 생활, 운동, 절제, 건강관리, 교회를 향한 충성된 삶 등 몸으로 가르쳐 주시는 교훈들이 너무도 많다. 하나님께서 에녹을 사랑하시어 동행하기를 기뻐하셨듯이, 우리 아버님도 하나님께서 함께 동행함을 기뻐하시는 삶을 살고 계신다. 이제 구순이 다 되신 아버님을 뵐 때마다 헨리나우웬의 예수님이 생각나는 사람이라는 책 제목처럼 일생을 온유와 겸손함, 신실함으로 살아오셨음을 느끼게 된다. 평생을 하나님 사랑 이웃사랑, 희생과 절제의 삶을 살아오신 아버님을 영원히 사랑하고 존경한다.

더 감사한 일은 구체적인 기도의 응답으로 초보 사모를 딸처럼 사랑해주시는 믿음의 시어머니를 만난 것이다. 어머니는 나에게 신앙의 본이 되어 주시고 좋은 멘토이며, 닮고 따라갈 수 있는 모델이 되어 주셨다. 무엇보다도 하나님을 사랑하셔서 교회와 주의 종을 섬기신 어머님의 헌신 이야기는 정말 감동적이었다. 어머니는 자녀들이 매우 어렸을 때도 아이들을 다 데리고 교회에 열심히 다니셨고 또 주변 다른 교회의 부흥회도 참석 하셨는데, 어느 날 부흥회가 열린 교회에 강대상이 없는 것을 보고 강사 목사님께서 헌물에 대한 도전을 주셨다고 했다. 다른 교회 다니는 집사가 감당해도 되나 하시다가 성령의 강한 권면을 받아 순종하는 마음으로 헌물을 하셨다고 한다.

그때 그 교회의 목사님께서는 자녀들의 이름을 물어보며 축복해 주셨는데 그 이후 아주 오랜 시간이 지난 뒤 그분을 다시 뵈었을 때 삼형제의 이름을 정확하게 기억하며 안부를 물어보셔서 큰 감동을 받았다고 하였다. 지금도 가끔 말씀하시기를 그때 심은 씨앗으로 선한 열매를 많이 거두셨다고 하신다. 한번은 어머니가 섬기시는 대전교회에서 부흥회를 하였는데 강사님은 성도들에게 이런저런 은혜로운 말씀을 해 주시면서 "자동차는 목사님의 발인데 차가 없으니 심방 다니기에 얼마나 불편하겠느냐."라고 말씀하셨단다. 그 당시 대전 시내에 많은 교회가 있었지만, 자가용이 있는 교회의 목사님은 두어 분밖에 안 계실 때라 어머니는 큰 성령의 감동을 받으셨고 목사님의 자동차를 해드리기 위해서 다른 집사님 한 분과 함께 빚을 내어 제미니라는 자동차를 교회에 헌물하시고, 말로 형용할 수 없는 하늘을 날 듯한 기쁨이 가득하셨다고 했다. 그러나 그 당시 형편이 넉넉하지 못했던 어머니는 자동차를 사기 위해서 빚을 지셨고 그 돈을 갚기 위하여 생활비를 아끼다가 매일 먹는 쌀을 백미에서 정부미로 바꾸셨다고 했다. 보리밥을 먹는 자녀들에게 안타까움을 느끼신 어머니는 밥이 잡곡밥이라 미안하다고 하시며 아프지 않고 무럭무럭 자라기를 기도하셨는데 자녀들은 "반찬만 맛있으면 돼요."라고 하면서 오히려 어머니를 위로하였다고 한다.

어머니의 기도 응답으로 아이들은 병원 한번 가지 않고 더욱 건강하게 자랐는데 지금 생각해보니 하나님의 은혜로 백미보다 더 몸에 좋은 잡곡밥으로 키우신 것이었다.

목사님께 자가용을 사드린 아버님 댁에는 아직도 자동차가 없다. 두 분은 평생 대중교통을 이용하시며 매우 검소하게 사셨다. 하나님께서는 감사하게도 시부모님께 매일 새벽기도 다니실 수 있는 체력과 건강을 선물로 주셨다.

또 어느 날은 담임 목사님께서 성찬식 그릇을 바꿨으면 좋겠다는 말씀을 하셨다고 한다.

“여러분 집에서는 좋은 도자기 그릇에 식사를 할 텐데, 교회에서는 성찬 용기를 플라스틱으로 사용하는 것이 마음에 걸리지 않습니까!"라는 목사님의 도전에 어머니는 또 감동을 받으시고 옥합을 깨서 한국 도자기 성찬기 세트로 바꾸는 데 헌신하셨단다. 그랬더니 성찬식을 할 때마다 얼마나 기쁨과 감사가 넘치는지 모른다고 간증하셨다. 예수 그리스도께서 주인 되시고 머리 되시는 몸 된 교회를 아끼고 사랑하며 마음 다해 섬기시는 어머니의 모습은 우리 자녀들에게도 행함으로 보여주신 사랑의 귀감이 되었다.

나는 귀하고 복된 신앙의 명문 가정에 시집와서 삶으로 믿음의 본이 되시는 시부모님을 만난 큰 축복을 받았다. 결혼 전 고등부 교사로 봉사할 때 믿음의 친구 4명과 함께 배우자를 위한 기도를 하였는데 참 구체적으로 기도하였고 구체적인 응답을 받았다 그 기도 제목 중의 하나가 〈사철에 봄바람 불어 잇고〉라는 찬양처럼 가정예배 드리는 가정,

믿음의 본이 되는 시부모님을 만나는 것이었는데 온전하고 신실하게 이루어주신 주님께 참 감사드린다.

사모로서의 자녀 교육 (아들과 딸을 기른 이야기)

신본주의 교육

1남 1녀를 키우며 자녀 교육의 원칙은 신본주의 교육이었다. 세상 문화와 구별하여 키우려 노력하였고 미디어를 절제시키며 책을 많이 접할 수 있도록 늘 도서관에 데리고 다녔다. 우리 집 거실에는 텔레비전이 없었다. 핸드폰도 중학교에 가서야 필요에 의해서 사주었는데 그 이유는 봇물처럼 쏟아지는 자극적인 문화로부터 진리의 말씀으로 분별할 수 있는 기준을 먼저 키워주고 싶었기 때문이다. 아무 준비 없이 무방비로 세상 유행 따라 보고 듣는 것의 영향을 받는 이 시대 아이들에 대하여 안타까운 마음이 들었다. 그래서 자녀 교육의 원칙으로 사교육과 학교공부보다 말씀 암송과 가정예배에 우선순위를 두었고 잠언 말씀을 함께 나누었다.

유대인의 자녀교육에 관한 책을 읽고 신명기의 쉐마 교육을 적용하려 힘썼다. 이때 도움 받은 책들은 현용수 박사님이 쓴 〈IQ는 아버지 EQ는 어머니 몫이다〉라는 책과 〈옷을 팔아 책을 사라〉는 책이었다.

어린이 전도협회의 교회 교육프로그램으로 훈련하였고, 규장의 여운학 장로님에게 303말씀암송학교과정을 배워 말씀공부를 생활화하는 교육을 하였다. 기독교대한성결교단의 교회학교 성경경시전국대회에 출전하여 두 아이 모두 대상을 받은 것이 그 어떤 세상에서 받는 상보다 더 큰 기쁨이었다. 입시 때는 김동환 목사님의 다니엘학습법 세미나를 듣고 교회 친구들과 수련회에 참가하여 아침형 학습법을 훈련받게 하였다. 아이들은 새벽기도를 한 후 수학 개념원리 문제집을 풀었고 하나님의 영광을 위해서 공부해야 한다는 강한 동기부여를 받게 되었다. 좋으신 하나님께서는 말씀과 기도로 훈련받은 우리 아이들을 선하게 인도하시어 자기주도 학습만으로도 순적하게 진로를 선하게 인도하셨다. 모든 것이 하나님의 은혜임을 감사로 고백한다.

"이스라엘아, 들으라 우리 하나님 여호와는 오직 유일한 여호와이시니 너는 마음을 다하고 뜻을 다하고 힘을 다하여 네 하나님 여호와를 사랑하라 오늘 내가 네게 명하는 이 말씀을 너는 마음에 새기고 네 자녀에게 부지런히 가르치며 집에 앉았을 때든지 길을 갈 때든지 누워 있을 때든지 일어날 때든지 이 말씀을 강론할 것이며 너는 또 그것을 네 손목에 매고 기호를 삼으며 네 미간에 붙여 표로 삼고 또 네 집 문설주와 바깥문에 기록할지라." 아멘

(신 6: 4-8)

아들의 헌신 이야기

우리가 대전에서 담임 목회를 13년 정도 하고 인천으로 오게 되었을 때, 큰아들은 고3 수험생이었다. 7월에 교회에 부임해야 하는데, 고등학교 3학년에 다니고 있는 우리 아들은 학교에서 전학을 시켜주지 않았기에 대전에 남아서 공부하며 입시를 치러야 했고 엄마, 아빠가 떠난 교회에서 계속 신앙생활을 하였다. 그때 끝까지 사랑으로 돌봐주었던 교회학교 조은경 선생님의 사랑과 "사모님, 아이들 전학이 안 되면 제가 아이들 밥해주며 데리고 있을게요."라고 했던 한 집사님의 따뜻한 눈빛은 평생 잊을 수가 없다.

대전에서의 목회 과정 속에 우리는 두 번의 건축을 감당하며 많은 헌신을 하였고 자녀들도 하나님 앞에 옥합을 깨는 경험을 여러 번 하였다.

어려서부터 경제교육을 시키며 용돈기입장을 쓰게 하고 헌금생활과 저축을 하게 하였더니 제법 통장에 많은 돈이 모여졌었다. 아이들은 지금까지 모은 통장의 전액을 교회 예배당을 지을 때 건축 헌금으로 드렸고, 또 교회 의자를 살 때도 본인들이 모은 저금통의 모든 돈을 하나님께 드렸다.

하나님의 은혜로 아들이 대학에 입학하고 코로나가 터진 이후 군대에 갔을 때도 군대에서 받은 월급으로 매달 적금을 들어 만기에 찾은 금액 전부를 하나님께 성전 리모델링 헌금으로 드렸다. 좋으신 하나님께서는 대학 졸업 전에 원하는 곳에 취업하게 되는 은혜도 베풀어주셨다. 아들은 대학 졸업 후 취직한 회사에서 받은 첫 월급도 첫 열매로 하나님께 드렸다.

두 번의 건축을 감당하며 넉넉하게 키우지 못했지만, 아들 마음의 중심에 하나님 나라와 교회가 있는 것이 얼마나 기쁘고 감사한지 모른다. 한번은 나에게 이렇게 얘기했다.

"열심히 노력하고 수고해서 하나님께 영광을 돌리는 좋은 일을 하고 싶어요."

나는 이렇게 대답했다 "하나님 나라를 위해서는 할 일이 너무도 많단다."

물질은 근로자의 살점과도 같다. 땀 흘리고 수고해서 번 돈을 어디에 소비하는지를 보면 그 사람의 생각과 마음을 알 수 있다. 사람의 마음이 있는 곳에 그 사람의 물질이 쓰이는 것이다. 그러므로 지금까지 많은 희생을 감내하며 선교에 헌신하고 있는 우리 수정교회와 수정성도들이 무척 자랑스럽다.

세상적인 성공만이 기쁨인 것이 아니라 그 마음의 중심이 하나님께 있고, 할아버지와 아빠의 신앙을 물려받아 헌신할 수 있는 믿음을 가졌기에 우리 아들에게 참 고맙고 감사하다.

하나님 나라를 생각하는 그의 일상과 인생을 하나님이 주신 어미의 축복권과 사랑으로 날마다 축복한다.

"이것이 곧 적게 심는 자는 적게 거두고 많이 심는 자는 많이 거둔다 하는 말이로다

각각 그 마음에 정한 대로 할 것이요 인색함으로나 억지로 하지 말지니 하나님은 즐겨 내는 자를 사랑 하시느니라 하나님은 능히 모든 은혜를 너희에게 넘치게 하시나니 이는 너희로 모든 일에 항상 모든 것이 넉넉하여 모든 착한 일을 넘치게 하게 하려 하심이라

기록 된 바, 그가 흩어 가난한 자들에게 주었으니, 그의 의가 영원토록 있느니라함과 같으니라 심는 자에게 씨와 먹을 양식을 주시는 이가 너희 심을 것을 주사 풍성하게 하시고 너희 의의 열매를 더하게 하시리니 너희가 모든 일에 넉넉하여 너그럽게 연보를 함은 그들이 우리로 말미암아 하나님께 감사하게 하는 것이라." 아멘 (고후 9:6-11)

믿음으로 진학을 결정한 딸의 이야기

우리 딸도 중3 때 대전에서 인천으로 오게 되었다. 새로운 학교, 새로운 환경, 새로운 친구들과의 적응을 하고 딸아이는 코로나 기간에 고등학교 3학년 과정을 마친 후 대학에 진학하였다. 오빠처럼 우리 딸도 옥합을 깨어 하나님께 건축 헌금과 여러 가지 제목의 감사로 헌신하는 삶을 살아왔는데, 하나님의 은혜로 지금까지 선한 인도하심 가운데 성장하고 있다. 딸아이는 고등학교 3년 내내 전공을 미리 정해놓고 정보를 수집하며 효율적인 입시를 위하여 많은 준비를 하였다. 그 결과 하나님의 은혜로 원서를 넣었던 서울 소재 대학과 오빠가 다니고 있는 학교, 그리고 인천에 있는 대학 등 여섯 군데 모두 합격하는 좋은 결과를 얻었다.나는 엄마의 마음으로 아이를 데리고 있고 싶었기에 인천에 있는 국립대학을 보내고 싶었지만, 딸아이는 믿음으로 멀리 포항에 떨어져 있는 한동 대학교를 선택하였다.

하나님의 대학인 한동 대학교는 거리가 멀지만, 마음껏 하나님을 예배하며 신앙의 공동체 속에서 공부할 수 있는 신본주의 학교이다. 무엇보다 감사한 것은 우리 아이의 적성은 이과였는데 수학 성적 때문에 고등학교에서 문과를 선택하였다가 한동 대학교의 좋은 시스템 덕분에 이과로 전공을 선택하여 본인의 적성에 맞는 컴퓨터 공학과에 들어가게 된 것이다.

원래 초등학교 때부터 학교에서 과학영재로 특별관리를 받았었고 학교 대표로 관악산 서울대학교에서 개최되는 과학영재대회에도 출전하였으며 좋은 결과로 미래창조과학부 장관상을 받기도 하였다. 공대 교수이신 외할아버지가 매달 보내준 어린이 과학 동아에는 우리 아이의 글과 엽서가 자주 실리곤 하였다 그러한 딸이 적성에 맞는 이과 전공을 4년 동안 할 수 있는 것이 얼마나 큰 은혜인지 모른다.

지금은 고스트라는 동아리에 들어가서 더욱 심화된 공부를 하고, 개발자로서 프로그램을 짜는 일에 관심을 가지며 보람된 학교생활을 하고 있다. 신입생 때는 친구와 게임 앱을 만들어 교내대회에서 수상하여 상금을 받기도 하였는데 그 앱은 플레이스토아를 검색하면 지금도 다운받을 수 있다.

딸이 다니는 한동대학교 이야기

우리 딸 덕분에 나도 커다란 선물을 받았다. 그것은 하나님의 대학 한동 대학교 학부모 기도회에 초대되었고 선교사 같은 신앙을 갖은 기도의 동역자들을 만나게 된 것이다. 여기서 만난 한 학부모는 내가 사모라는 것을 알고 우리 수정교회 중등부와 고등부 아이들 모두에게 샌드위치 간식을 섬겨주었고, 우리 교회 선교사님을 후원하기도 하였으며 언니를 통해서 수정비전 학교에 거액의 리모델링 헌금을 해주기도 하였다. 이분들의 하나님 사랑과 교회사랑에 대한 고마움은 잊지 못할 것이다.

한동 대학교에 자녀를 보낸 부모들의 특징은 큰아이를 한동 대학교에 보내면 어떻게 해서든지 둘째 셋째도 한동 대학교에 보내고 싶어 한다는 것이다. 그 안에서 사돈도 맺고 싶어 하고 아들딸뿐 아니라 며느리 손자도 한동 대학교에 보내고 싶어 하는 모습을 볼 때 하나님과 하나님의 대학을 사랑하는 분들의 모습에 큰 감동을 받는다. 우리 수정교회에도 믿음 좋은 아들이 한동대 안에서 배우자를 만나 귀한 가정을 이룬 장로님이 계신다.

"Why not Change the World?"라는 한동 대학교의 모토 아래 하나님 자녀의 정체성과 사명에 대해서 다시 한번 생각해본다.우리는 코로나 기간에도 줌으로 기도회를 계속하며 학원선교와 이 땅의 다음 세대를 위하여 전국적으로 조직을 만들어 기도하고 있다 이 모든 것은 하나님의 크신 사랑과 은혜임을 고백한다.

지금은 고인이 되신 한동대 김영길 총장님의 사모님께서 쓰신 「갈대상자」라는 책을 읽고 짝사랑하게 된 한동 대학교에서 남편은 대중문화를 가르쳤었다. 수업을 할 때마다 포항까지 다녀와서는 학생들이 너무너무 착하고 성실하고 예의 바르다면서 칭찬을 아끼지 않았다. 우리는 부교역자로 섬기던 교회에서 고등부를 담당하고 있었는데 참 똑똑하고 빛나던 학생들이 서울 소재 명문대학을 마다하고 한동 대학교에 지원했던 기억이 있다. 사랑하는 우리 딸 덕분에 사모하던 한동 대학교를 위해 지금도 기도할 수 있어서 얼마나 감사한지 모른다.

사모의 내조

사모의 영성관리

사역은 내 힘과 능력이 아닌 하나님의 은혜로 감당해야 할 수 있는 것이기에 나는 주님께 공급받는 시간인 예배와 기도시간에 전심을 다했다. 그러나 아이를 낳고 육아로 인하여 마음껏 기도할 수 없을 때는 아이들이 규칙적으로 낮잠 자던 오후 4시가 나의 기도시간이요, 일일 부흥회 시간이었다. 태교를 위하여 매일 읽던 성경통독 시간이 둘째의 임신 태교시간에는 찬송가 통송 시간으로 연결되었다. 나는 날마다 찬송가를 1장부터 끝장까지 7장씩 부르며 찬송가 가사에 큰 은혜를 받았다. 찬송하는 시간은 곡조 있는 기도의 시간이고 성령께서 충만하게 임재하는 시간이며 성령의 역사로 회복과 치유가 일어나는 시간이다. 이러한 말씀읽기와 찬양과 기도의 훈련은 출산 이후에도 경건생활의 생수와 같은 선물이었다.

다양한 훈련 참여

남편의 목회를 돕기 위해 무엇을 준비하고 실천해야 할까 고민하다가 다양한 훈련에 참여하기로 하였다. 그중에서도 온누리 교회에서 했던 사모대학은 전문적인 훈련과 함께 희로애락을 나눌 수 있는 사모님들과의 친밀한 만남으로 나에게 큰 힘과 도전이 되었다. 그때 함께 나누던 사모님들은 지금 어디서 어떻게 지내고 있을까 궁금하다. 눈 덮인 추운 겨울날 강원도 태백 예수원에서 날이 새도록 얘기하던 그때의 사모님들이 그립다. 코로나 시절에는 박리부가 사모님이 하는 예수동행일기 세미나를 신청하여 사모를 위한 유익한 교육을 받았다.

정동섭 교수님의 아내이신 이영애 사모님이 하는 '신성회' 독서모임을 시작한 지 20년 동안 계속하면서 한 달에 한 권씩 인간 이해에 관한 유익한 책을 읽고 함께 토론하였다.

코로나 기간에는 이 모든 모임이 줌으로 이루어져 더욱 편리하게 참석할 수 있었고 한동 대학교 학부모 기도회도 코로나 기간에 줌으로 개설되었기 때문에 중간에 끊임없이 지금까지 지속되고 있다.

새로남 교회 조성희 사모님이 만드시는 사모잡지 「라일락」을 정기구독하며 주변의 사모님들에게 나누고 있다. 내조의 일환으로 사십이 넘은 나이에 피아노학원에 등록하였다. 어디서든 예배를 돕고 싶은 마음에 시작하였지만, 코드 반주를 배우고 찬송가 반주를 배우며 풍성하게 찬양함 그 자체가 나에게 더 큰 기쁨이 되었다. 가정사역의 필요성을 느끼고 우리 부부는 각각 두란노에서 하는 아버지학교와 어머니학교를 수료하였고 남편은 대전에서 사역하던 시절, 아버지학교 협동목사로 수고했으며, 우리 교회는 아버지학교와 부부학교를 지속적으로 주관하여 가정의 회복 사역에 열심을 내었다.

달란트 개발과 교육 이수

교회학교 교육을 위하여 이영숙 박사의 성품교육 과정을 이수하였고 성품 시리즈 교재로 공부시키며 자녀교육과 교회학교에 적용하였다. 정철 선생님의 유치부 대상 "Hello Father"와 초등부 대상 "Who Made the World?"의 지도자 자격을 취득하고 교회학교에서의 영어교육에도 관심을 가졌다. 새벽기도에 나오는 열심 있는 학생들을 위해서 새벽 기도 후 "요한복음 영어로 읽기" 교재로 영어 성경공부를 했는데, 이때 훈련받은 아이들을 교단 개최 잠언 1장 영어로 암송하기 대회에 내보내었더니 좋은 상을 타왔다.

영어 성경을 암송하는 방법은 303말씀암송학교 유니게 과정에서 훈련받은 '하니비'(꿀벌)방법을 적용했다. 이 암송방법은 아무리 꽃이 멀리 떨어져 있어도 꿀벌이 찾아가 꿀을 얻은 뒤 벌집을 찾아서 돌아오듯이 아무리 긴 말씀이라도 짧게 끊어서 암송한 뒤 이어 붙이면 불가능이 없다는 이론이다. 실제로 꿀벌은 기억할 수 있는 거리만큼만 갔다가 꿀을 따고 다시 벌집으로 돌아온다. 길을 외웠으면 조금 더 멀리 날아가서 꿀을 따고 집에 다시 왔다가 조금씩 거리를 넓혀가는 데 나중에는 아주 멀리까지도 갈 수 있고 벌집의 위치를 기억한다고 한다. 우리에게 필요한 지혜와 지식은 하나님께서 창조하신 이 세상 속에 이미 다 들어있다. 그러므로 엄밀히 말하면 모든 발명은 주님이 이미 해놓으신 것을 발견하는 것이 아닐까.

학생부 수련회 때는 정철 영어학교 프로그램인 'GPS'로 아이들에게 천국과 지옥의 애니메이션을 보여주고 구원받는 길과 구원의 확신을 심어주고자 하였다.

말씀사역 이야기

어느 날 힘들게 전도한 성도에게 이단이 접근하여 그를 혼란에 빠뜨리는 것을 목격했다.

사람의 마음을 미혹하기 위해 수단과 방법을 가리지 않는 비윤리적인 모습을 보며 사람을 살리고 세우는 것은 예수 그리스도를 아는 바른 지식과 오직 말씀임을 확신하고, 성경을 더 잘 배우고 가르치기 위해 이애실 사모님의 "어, 성경이 읽어지네!" 전문 강사가 되었다.

툭 하면 날밤을 새워야 할 정도로 많은 대가를 치러야 하는 어려운 공부였지만 말씀으로 회복되는 분들을 보며 꼭 해야 한다는 필요성을 느꼈다. 함께하였던 전문 강사들과 처음에는 대전 극동방송국을 빌려서 이애실 사모님을 강사로 목회자를 위한 성경통독 세미나를 개최하였다. 그 열매로 나중에는 우리 교회에서 전문 강사들과 함께 생터성경 사역원 전문 강사스쿨을 열어 거의 40명의 대전 1기 전문 강사 목회자가 졸업하는 것을 보았다. 우리가 공부할 때는 지역에 전문 강사스쿨이 없어서 서울이나 전주 아산으로 하루 종일 다녔었는데 지금은 대전에서 활발하게 성경전문 강사가 세워지고 있다니, 이 모든 것은 하나님의 은혜이다. 말씀을 깊이 공부하며 하나님께 받은 선물은 다윗이 고백한 아래의 시편 말씀처럼 말씀의 소중함과 말씀의 능력이 나에게 더욱 가깝게 다가온 것이다.

"여호와의 율법은 완전하여 영혼을 소성시키며 여호와의 증거는 확실하여 우둔한 자를 지혜롭게 하며 여호와의 교훈은 정직하여 마음을 기쁘게 하고 여호와의 계명은 순결하여 눈을 밝게 하시도다. 여호와를 경외하는 도는 정결하여 영원까지 이르고 여호와의 법도 진실하여 다 의로우니 금 곧 많은 순금보다 더 사모할 것이며 꿀과 송이 꿀보다 더 달도다." 아멘

(시 19: 7-10)

한국어 교수사역

선교의 비전을 품고 하나님의 인도하심에 따라 한국어 교사자격증을 취득하였다.

지도해주신 교수님의 추천으로 방학 때는 한남대학 린튼 칼리지에서 외국인 학생들에게 한국어를 가르쳤다. 한국어학당에서 학생들을 가르칠 때 참 재미있는 일이 많았다. 베트남 학생들, 필리핀 학생들, 일본 학생들, 중국 학생들, 몽골 학생들 등 다양한 국적의 학생들을 지도하였는데 그 중 항상 지각하고 다른 학생들과 어울리지 못하는 것처럼 보이는 한 여학생이 눈에 들어왔다. 필리핀에서 온 소녀였는데 수업시간에도 집중하지 못하고 겉도는 인상을 받았다.그런데 그 소녀의 이름이 '하다사'라는 것을 알게 되었다. 나는 집에 와서 남편에게 내가 가르치는 여학생이 있는데 이름이 하다사이고 성실하지 못하며 수업에 잘 적응하지 못한다고 이야기했다. 그랬더니 남편이 그 친구는 크리스천인 것 같다고 하면서 하다사라는 이름은 에스더 즉 별이라는 뜻이라고 이야기했다. 그래서 나는 그다음 날 수업시간에 그 학생에게 너의 이름이 에스더냐고 물어보았더니 깜짝 놀라며 그렇다고 하였다. 나중에 알고 보니 그 여학생은 가톨릭 신자가 많은 필리핀에서 기독교 목사님의 딸로서 아버지가 돌아가시고 지인의 후원으로 한국에 공부하러 왔던 것이었다. 나는 엘리사에게 도움을 요청했던 과부가 된 생도의 아내 이야기가 떠올랐다.

"돌아가신 목사님의 남은 자녀들은 하나님께서 돌보아주셔야 하지 않습니까!"라며 하나님께 호소하였다 마음속에 깊은 연민과 안타까움이 밀려왔다. 이역만리 한국 땅에서 다른 나라 학생들 속에 있는 의기소침한 하다사에게 우리 가정도 목회자의 가정이라고 얘기해주며 어렵게 한국에 온 목표를 꼭 이루기 바란다고 기도해주었다.

사랑스러운 하다사는 다음날부터 빠짐없이 숙제를 해오고 학교에 일찍 와서 반짝반짝 빛나는 눈동자로 맨 앞자리에서 열심히 공부하는 학생이 되었다. 그 내면에 계신 성령님이 일하기 시작하신 것이다. 우리나라에는 많은 외국인들이 이런저런 이유로 들어와서 함께 살고 있다. 이분들을 처음 만나는 한국인이 모두 좋은 크리스천이라면 얼마나 좋을까?

말로 전하는 복음만이 아닌 섬김의 삶으로 신앙의 본이 될 수 있다면 그분의 얼굴이 전도지요. 일상이 복음의 메시지일 것이다.

한국어학당은 참 중요한 선교지였다. 그러므로 보이지 않는 영적 전쟁이 끊임없이 일어났다.

나는 수업 교재 이외에 성경책을 복사하여 학생들에게 나누어주고 읽기 훈련을 시켰다. 칠판에 요한복음 3장 16절을 크게 써 놓고 글자공부를 시켰다. 사회주의 국가인 베트남이나 중국 학생들은 노골적으로 거부감을 표시하기도 하고 산둥반도에서 온 '멍시아용'이라는 남학생은 행정실로 나를 고발하기도 하였다. 그러나 내가 멈출 수 없었던 이유는 그 사역이 내가 그 자리에 있는 이유라는 것을 알았기 때문이다.

일관된 사랑과 섬김의 모습을 보일 때 학생들은 자신들이 잘되고 행복하기 원하는 교사의 진심을 알게 된다. 나는 아침마다 이 말씀을 읽고 마음에 새김으로 용기를 내었다.

"어떤 사람은 병거, 어떤 사람은 말을 의지하나 우리는 여호와 우리 하나님의 이름을 자랑하리로다." 아멘 (시 20:7)

나는 계속 수업 시간에 복음을 전하였다. 숫자인 기수와 서수를 가르친다는 명분으로 "하나(1)님이 세(3)상을 이(2)처럼 사(4)랑 하사 독생자를 주셨으니 이는 저를 믿는 자마다 멸망하지 않고 영생을 얻게 하심이라."는 찬양을 율동과 함께 가르쳤다.

그들의 영혼이 한 번이라도 더 복음을 듣기 원하는 마음으로 환경과

본성을 거스르는 순종을 하며 용기를 낸 것이다. 그 담대함의 비결은 매일 아침 붙잡은 말씀이었다. 나를 참 많이 도와주고 함께 교수 사역을 행했던 동료는 지금 기아대책 파송 미얀마 선교사가 되어 매달 "밍글라바."라고 인사하며 선교편지를 보낸다.

선교 이야기

나는 선교라는 비전 덕분에 선교단체에 찾아가 남편을 만났고, 기도에 응답해주시는 하나님의 은혜로 교회 공동체와 함께 일본 단기선교, 베트남 단기선교, 필리핀 단기선교를 다녀왔다. 단기선교는 성도들이 열심히 무엇인가를 준비해서 선교지에 나누고 오는 것이라고 생각하지만, 막상 다녀오면 오히려 선교지에서 더 많은 은혜와 사랑을 받았다고 고백할 때가 많다.

최근에는 교단 해외선교위원회의 사역으로 인도 신학교와 유럽 직할지방 연합수련회를 섬기고 왔다. 인도에서는 돌아오는 길에 장염이 심해져 토하고 다니며 고생을 하였고 뜨거운 날씨 속에 땀으로 목욕을 할 때도 많았지만, 함께 가신 강사님들의 뜨거운 말씀 집회 속에 인도의 신학생들이 은혜받는 모습과 코로나로 침체된 유럽 한인교회의 목회자들이 큰 위로와 힘을 얻는 것을 보았다. 내 가족 내 교회 내 조국을 넘어 선교지와 열방을 사랑하시는 그분의 마음이 더 가까이 다가온다. 성결교단의 국내선교위원회와 해외선교위원회 북한선교위원회 등을 통하여 많은 물질과 시간으로 헌신하는 분들이 계신 것을 알게 되었다.

우리의 작은 순종이 열방에 대한 하나님의 안타까운 마음을 시원하게 해드린다면 이보다 더 큰 기쁨과 보람은 없을 것이다. 우리 수정교회도 필리핀 마닐라에 선교센터를 세웠고 한국에는 '필리핀 예배부'가 있어 교회 내의 독립된 공간에서 함께 예배드리고 있다. 그 공동체가 성장하여 국내의 다섯 군데 예배처에서 예배드리며, 지난 추석에도 200여 명이 연합하여 수련회를 했다. 선교의 영역은 멀리만 있는 것이 아니라 가까운 선교 현장을 돕는 일도 큰 사역이다. 우리 교회의 주섬 선교팀은 국내의 작은 교회를 위하여 시간과 물질로 리모델링과 교회 수리를 해주며 국내 선교를 감당하고 있다. 아무리 큰 대가를 지불할지라도 하나님을 사랑함으로 목회를 하듯 하나님을 사랑하기에 우리에게 주어진 선교 사명도 힘써 감당해야한다.

모든 사역의 비결

목회를 내조하며 지금까지 감당해온 모든 사역의 비결은 순간순간 부어주시는 하나님의 감동에 따라 순종하려고 노력하는 것이었다. 사역은 나의 힘과 능력이 아닌 주님이 주시는 힘과 성령의 도우심으로 하는것이기 때문이다.

그동안의 삶을 간략히 정리해 보니, 연약하고 부족한 나를 부르셔서 하나님이 사모로 빚어가셨고, 주님 주시는 힘을 의지하였기에 오늘에 이르게 되었다 또한 하나님 아닌 다른 피조물를 더 사랑하고 의지할 때 반드시 거두어 가신다는 것을 잘 알게 되었다. 지금까지 크고 작은 일들을 돌파해 오며 큰 위로가 된 사실은 "우리는 스스로가 발광체가 아니라 반사체"라는 것이다. 빛을 내는 분은 주님이시니 우리는 반사체로서 그 각도만 주님께 맞추면 되는 것이다. 공급받은 사랑으로 공급하고 공급받은 지혜와 능력으로 감당하니 가능한 것이었다.

"수고하고 무거운 짐진 자들아, 다 내게로 오라 내가 너희를 쉬게 하리라. 나는 마음이 온유하고 겸손하니 나의 멍에를 메고 내게 배우라 그러면 너희 마음이 쉼을 얻으리니, 이는 내 멍에는 쉽고 내 짐은 가벼움이라 하시니라." 아멘 (마 11:28- 30)

한 겨리(두 쌍)의 소가 함께 멍에를 메듯이 대장되시는 예수님을 의지하면 마음에 쉼을 얻을 수 있다.

친밀해진 많은 사람들이 내게 묻곤 하였다. "그 많고 어려운 사역들을 어찌 감당하시나요?" 그때마다 무거운 사역으로 영적 번 아웃이 오고 건강을 잃었던 엘리야를 위로하신 하나님이 동일하신 나의 하나님이라는 고백을 들려준다. 이세벨에게 괴롭힘을 당하고 지쳐 쓰러져 죽기를 구하던 엘리야에게 하나님께서는 다정하고 세미한 음성으로 위로하시고 회복시키시며 다시 사명을 주신다.

"모든 것을 너 혼자 다 하려고 하지 않아도 된단다. 책임은 너의 것이 아니라 나의 것이야. 나는 역사를 주관하는 하나님이다 너는 네 구간만 달리면 된다. 내 시대이고 내 백성이고 내 소유이기 때문이다."

무거운 짐을 해결해주시는 하나님의 위로에 엘리야는 새 힘을 얻었을 것이다. 그래서 하사엘에게 기름 부어 아람의 왕이 되게 하고 예후에게 기름 부어 이스라엘의 왕이 되게 하며 다음 구간 바통을 이어 달릴 주자 엘리사에게 기름 부어 선지자가 되게 하라는 하나님이 주신 위임의 사명을 넉넉히 감당했을 것이다.

이 이야기는 하나님의 일을 감당하고자 하는 모든 사람에게 참 능력이 되며 승리의 비결이 될 줄 믿는다. 교단 수련회에 참석하러 가는 길에 어느 목사님께서 책을 읽고 있던 나에게 도전을 주셨다 "사모님은 기회가 되면 꼭 책을 한번 써보세요. 참 유익할 것입니다" 시간이 많이 흘렀지만, 그 말씀은 씨앗이 되어, 이렇게 열매 맺고 있다. 내게 주신 찬양과 하나님의 말씀으로 글을 마치고자 한다.

"우리 가운데서 역사하시는 능력대로 우리가 구하거나 생각하는 모든 것에 더 넘치도록 능히 하실 이에게 교회 안에서와 그리스도 예수 안에서 영광이 대대로 영원무궁하기를 원하노라."

아멘 (에베소서 3: 20~21)

"나의 기도하는 것보다 더욱 응답하실 하나님, 나의 생각하는 것보다 더욱 이루시는 하나님 우리 가운데 역사하신 능력대로 우리들의 간구함을 넘치도록 능히 하실 주님께 모든 영광과 존귀 찬양과 경배를 돌릴지어다. 모든 영광과 존귀 찬양과 경배를 돌릴지어다." 이 찬송은 이 밤도 나의 머릿속을 떠나지 않고 계속 맴돌고 있다.

만남의 축복

내 삶의 가장 큰 축복은 만남이었다

신영주

대학에서 철학과 중어중문학을 전공하고, 인생 2회 차 유아교육학을 전공하여 유아전문교사로 근무하다가 목회자로서 하나님의 부르심을 받았다. 오늘의 부르심에 순종하여 기쁨으로 사역하는 수정교회 전도사다.

어디로 갈지 모르지만, 누구와 함께하는 지 정확히 알고 가는 복의 통로로 살아가는 우리들의 이야기

특별한 두 번의 만남

내가 없어졌어요

서른여섯의 나이에, 의사 남편이 곧 나 자신이라고 철석같이 믿고 10년을 살던 내가 둘에서 혼자가 되었다. 결혼 10년 차에 24시간 응급 시술 대기조였던 유난히 잠이 많던 남편은, 내 생일에서 꼭 열흘 지난 6월 어느 날, 나만 남겨두고 먼저 하늘나라로 가버렸다.

그저 15년 전 연애 시절부터 '왕자님'이라고 부르던 교회 오빠와 결혼해서 검은 머리가 파뿌리가 될 때까지 다정하게 손을 맞잡고 산책하며 시간을 보내는 것이 나의 인생이고 삶이고 꿈이었다.

하루아침에 꿈도 아닌 그 평범한 기대가 산산조각이 나다니! 이런 내가 혼자가 되어 사랑하는 사람과 십오 년을 살던 전주에서 계속 사는 것은 상상조차 할 수 없었다. 출근한 남편을 아무리 기다려도 다시 오지 않을 것을 막연히 깨달을 때쯤 공허함과 상실감이 먼저 찾아왔다.

등굣길 세 아이에게 손을 흔들어 배웅하고 선 7층 아파트 난간은 바닥에서 아주 조금 떨어진 것 같았다. 내가 몸을 맡기면 살포시 받아줄 것만 같았다. 하지만 이내 고개를 가로저었다.

이제 이곳을 떠날 때가 된 것이다. 내 인생에 다신 없을 특별한 선물 같은 남편과의 만남을 정리해야만 한다. 사랑하는 남편이 하늘나라로 가고 세 아이와 나는 날마다 가정예배를 2시간씩 드렸다.

그래야 살 수 있었다.

그러던 어느 날, 나는 하나님께 눈물로 감사의 기도를 드렸다.

'하나님, 하나님께서 사랑하는 남편을 제게 선물로 주셨는데 이 세상의 모든 것은 유한하고 그 선물도 기한이 있었네요.

그 시간 동안 참 행복했어요.

이제 하나님께 돌려드릴게요. 하나님, 참 감사합니다.

제 인생에서 더없이 특별한 첫 만남을 허락해주셔서 감사해요.'

거짓말처럼 이 기도를 하나님께 올려드렸을 때 마음이 평안해졌다.

전주에서 서울로 이사를 하면서 당시 부목사님이 '파송예배'를 인도해주셨다. 본문은 창세기로 아브라함이 본토 친척 아버지의 집을 떠나 하나님께서 가라고 지시하신 땅으로 가는 순종의 내용이었다.

창세기 12:1-3 여호와께서 아브람에게 이르시되 너는 너의 고향과 친척과 아버지의 집을 떠나 내가 네게 보여 줄 땅으로 가라 내가 너로 큰 민족을 이루고 네게 복을 주어 네 이름을 창대하게 하리니 너는 복이 될지라 너를 축복하는 자에게는 내가 복을 내리고 너를 저주하는 자에게는 내가 저주하리니 땅의 모든 족속이 너로 말미암아 복을 얻을 것이라 하신지라.

남편과의 추억이 가득한 정든 곳을 떠나는 것이기에 '위로 예배'를 기대했는데, 과부가 되어 떠나는 성도에게 선교사 파송식과 같은 설교 본문이라니, 예배 시간 내내 생각할수록 앞길이 더 막막하게 느껴졌다.

하지만 이후 힘든 시기마다 그 말씀은 내가 하나님 앞에 홀로 설 수 있었던 힘이었다.

하나님께서 앞으로도 내 삶을 책임져주실 것을 확신할 수 있었다.

내가 한때 '나'라고 생각했던 '나'의 부재를 뒤로하고 정든 전주를 떠나 태어나 중학교 시절까지 보냈던 서울로 아이 셋을 데리고 왔다.
슬픔과 그리움이 발목을 잡았지만 그렇게 떠나왔다.

서울 문래동에 새로운 터를 잡고, 고등학교 1학년 시절까지 중등부 여회장으로 활약했던 수정교회가 인천으로 이전을 했고 지금 원로 목사이신 당시 담임목사 조일래 목사님께는 인사를 드려야 할 것 같아서 인사차 인천을 방문하게 되었다.

대림동 시절부터 선교의 열정으로 늘 뜨거웠던 조일래 목사님은 내가 3주째 수정교회를 방문했을 때 겨우 얼굴을 뵙고 인사할 수 있었다.

10년 전 결혼식 이후로 오랜만에 뵙는 거였다. 인사만 드리고 다른 교회에 출석하려던 나는 그만 '하나님의 은혜'에 발목이 잡혀 문래동에서 인천 불로동까지 누군가와 연애하듯 오고 갔다. 정말이지 주님과의 '첫사랑'을 회복한 거였다.

문래동으로 이사한 게 늦가을이었고 새해가 시작될 무렵 교회에서 운영하는 대안학교 입학 설명회 현수막을 눈여겨보게 되었다.

'이거야, 하나님이 우리 아이들을 위해 대안학교를 미리 세우셨어!'

가족들의 반대에도 세 아이를 인천 수정교회에서 운영하는 대안학교와 학교 기숙사에 초등학교 4학년, 3학년, 1학년 아이 셋을 맡겼다.

지금 생각해 보니 주님의 인도하심이었다.

아이 셋을 주중에 못 돌보고, 앞만 보며 뒤늦게 스무 살 동기와 서른일곱이 된 나는 유아교육을 함께 전공하게 되었다. 아이들이 인천에 있으니, 서울에서 인천이 멀지만은 않았다.

그래도 그리움에 새벽 4시에 일어나 5시 반에 있는 인천 수정교회 새벽예배에 참석했다.

나를 살게 한 내 인생의 두 번째 만남 김사랑 전도사님

새벽예배가 끝나면 교회 옆 기숙사동에 와 아이들 방문 앞에서 눈물 어린 기도를 드리다가 서울로 올라오곤 했다. 오전에는 유치원에 행정 교사로 출근하고 늦은 오후에는 학교로 가서 열심히 공부했다. 기숙사 사감 교사이자 초등 부서 담당 교역자인 김사랑 전도사님을 그 시절, 만났다. 벌써 10년 전이다.

김사랑 전도사님은 주중에는 아니 주말까지 우리 아이들의 엄마이자 내 엄마이기도 했다.

아이들의 상황을 궁금해할 내게, 내가 묻기도 전에 알려주시고 낯선 인천 땅에서 우리가 사귄 첫 친구이기도 했다.

어느 날 새벽예배를 마치고 아이들 방문 앞에서 기도하다가, 새벽기도를 마치고 아이들을 위해 아침밥을 준비하려고 계단을 올라오던 김사랑 전도사님과 만났다. 그리고 아침 식사 자리에 초대받았다. 어색하게 교회 식당에서 우리 아이들 셋과 다른 몇 명의 기숙사 친구들, 그리고 김사랑 전도사님이 첫 식사를 함께했다. 하지만 그게 처음이었고 그렇게 자주 초대를 받고 친구라는 표현이 더 걸맞은 사이가 되었다.

우리가 만난 김사랑 전도사님은 '사랑' 그 자체였다.

그래서 어느 날 궁금증에 못 이겨 사랑 전도사님한테 질문을 했다.

"김사랑, 정말 예쁜 이름이에요! 전도사님 성품하고도 잘 어울리고요! 누가 지어주신 이름인가요?"

알고 보니 김사랑 전도사님의 그 예쁜 이름은 본명이 아니라 개명한 이름이었다.

본명은 그 당시에 들었던 것 같은데 까맣게 잊어버렸지만, 그만큼

이나 사랑 전도사님의 이름은 사랑 전도사님과 정말이지 딱 들어맞는 이름이었다.

나는 김사랑 전도사님을 통해 '만남이라는 여정'의 출발을 하게 되었다.

그 여정의 첫걸음이 '사랑'이라는 것을 배우게 되었다.

누군가와 처음 사귐을 가지기 전에 먼저 가져야 할 마음이 '사랑'인 것을 알게 되었다.

사랑하기로 마음먹고 계획한 만남의 여정은 분명 아름다웠고 앞으로도 아름다울 것이다.

2015년도 사랑으로 계획한 우리의 사귐은 2017년 12월 김사랑 전도사님이 원래 계셨던 미국으로 돌아가고 난 후 지금까지 계속되고 있다.

누군가 내게 개명을 할 수 있다고 한다면, 주저하지 않고 '사랑'이라고 바꿀 것이다.

꼭 그러고 싶다. 내가 먼저 사랑하기로 계획한 것이 아니라 사랑 전도사님이 나를 사랑하기로 마음먹었을 때 우리가 친구가 되었던 것처럼 말이다.

누군가와 새로운 관계를 맺어갈 때 먼저 사랑이라는 첫 단추로 시작할 것이다.

하나님 앞에서 바울처럼 '작은 자'로 살고 싶은 신영주

마흔 줄에 교회 유년부서 교육전도사가 되었다.

수정교회 집사로 있던 내게 사역자로서 내 아이들보다 어린 또래의 초등학교 1학년에서 3학년의 아이들을 만나게 된 것이다. 담임 목사님께 교육전도사로서의 제안을 받았을 때 마음 가운데 기쁨과 설렘만 있었던 것은 아니었다.

두려움과 걱정이 앞섰다. 당연하겠지만! 이제까지 교회에서 집사로서, 초등부 교사로서 만나왔던 성도들을 사역자의 모습으로 첫 대면식을 치러야 했으니까.

참 신기한 건 내가 사랑 전도사님으로부터 전수 한 만남의 여정, 첫 단계가 꼭 들어맞았다. 코로나 기간이었지만 유년부서 아이들과 선생님들 그리고 교회학교 학부모님들을 사랑으로 섬기기로 계획했을 때 그야말로 그 방법이 통했다. 그것을 통해 관계를 친밀하게 하는 첫 단추 끼우기가, 쌍방이면 좋겠지만 한 방향에서라도 사랑으로 연결하려 한다면 가능한 것을 배웠다. 별의별 상황이 왜 없었겠는가. 하지만 내가 먼저 사랑으로 다가갔을 때 끝까지 나와의 관계를 거부하거나 단절한 사람은 없었다. 오히려 부정적인 첫인상이나 오해들이 해소되고 관계가 더욱 친밀해지는 것을 경험할 수 있었다.

나는 손글씨 쓰는 걸 좋아한다. 손글씨의 이점은 많지만, 그중에서 가장 좋은 것은 원하는 필명을 쓸 수 있는 것이다. 나의 필명은 무엇일까? 사랑 캘리그라피? 사랑 캘리? 아니다.

내 필명은 작은영자 캘리이다.

예수님을 인격적으로 만나기 전에는 '신영주'라는 이름답게 살면 좋겠다는 막연한 기대감이 있었다. 내 이름을 지어주신 분은 우리 할아버지신데, 꽃 뿌리 영(英)에 기둥 주(柱)로 한자의 뜻과 음을 사용한다. 보통 남자아이의 이름인데 집안의 맏딸로 태어난 내가 뿌리이자 기둥처럼 든든히 서가길 바라셨던 모양이다. 하지만 손글씨를 취미로 하면서 필명은 글씨체를 뽐내는 게 아니라 성경 말씀 한 구절을 써도 말씀 자체가 드러났으면 하는 소망을 담은 걸로 정하고 싶었다.

그래서 하나님 앞에서 작은 자인 신영주, 작은영자 캘리를 필명으로 하게 되었다.

사람과의 관계 속에서 사랑하기로 계획했을 때 가장 필요하다고 생각한 덕목이 겸손이었기 때문이다. 누군가 사랑하기로 마음먹었을 때 자신을 상대방보다 우위에서 도와주려고 한다면 그 관계는 지속될 수 없다.

오히려 상대방보다 낮은 곳에서 섬기고자 할 때 그 사귐은 훨씬 깊고 돈독해질 수 있다.

글씨 잘 쓰는 신영주가 아니라 글씨를 써서 사람들과 깊고 오랜 만남을 나누고 싶은 작은 자로 살고 싶다. 성경 속의 바울처럼. 사울이었던 바울이 예수님을 만나고 바울이 되었던 것처럼 사랑 자체인 예수님을 닮은 사랑 전도사님을 만나고 난 후 나는 작은영자가 되어 살고 싶어졌다.

세 번째 만남, 아낌없이 주는 인숙이 이모

간밤에 꿈에 누가 나왔어!

서른일곱의 나이에 스무 살 친구와 유아교육학 전공으로 학교에 다녔다.

학교에 다니는 동안 '밥 잘 사주는 예쁜 누나'가 아니라 '밥 잘 사주는 친절한 언니' 역할을 자처했다. 유치원에서 행정 교사로도 일하던 때라 주로 오전에는 유치원에서 일하고 오후에 주경야독하는 동기들과 함께 열심히 학교생활을 했다.

상경하자마자 유아교육을 전공해 보는 건 어떠냐고 유치원 원장으로 일하고 있는 열두 살 터울의 막내 고모님이 제안하셨는데, (원래 전공은 철학이지만) 방송통신대학으로는 성에 안 차 결국 2년제 전문대학에 들어가게 되었다. 나름대로 열심히 일하며 공부하는데 우리 막내 고모님은 나를 두고 더 큰 꿈을 꾸도록 종용하셨다.

어린이집을 해 보라고 말이다. 말이 쉽지 이제 사별하고 일 년 남짓 된 조카에게 어린이집 교사도 아니고 어린이집 운영이라니.

시집살이 피해서 서울로 왔더니만 더한 시집살이를 살게 되었다.

말이 씨가 된다더니 결국 있는 돈 다 털어, 은행에서 60%나 대출을 받아 어린이집을 운영하게 되었다. 비가 새는 4층 건물을 건물 두 동으로 확장해서 구건물은 리모델링하고 다른 한 곳은 새 건물로 지어 올려 서울 소재에서 멋지게 유치원을 운영하는 유아 전문 25년 차 베테랑 교육자 막내 고모님의 도움을 받아, 울며 겨자 먹기로 어린이집을 인수하게 된 것이다.

건물이 싸게 나왔을 때는 다 이유가 있다는데 비만 안 새면 되겠다는 마음에 덜컥 인수한 어린이집 건물에서는 리모델링을 시작하기도 전에 비가 새서 리모델링하는 내내 골칫거리였다. 건물은 어떻게 준비가 되었는데 아직 유아교육 교사의 자격도 못 갖춘 나에게 필요한 것은 인프라였다. 아주 부족한 나를 도와 어린이집을 운영할 월급 원장님 말이다.

막내 고모님은 고심 끝에 20년을 알고 지낸 지인 원장님을 소개해 주셨다.

어린이집 운영을 막 시작한 내게 필요한 사람일지 알지 못하지만, 본인 명의의 미술학원을 운영하다가 접고 다른 어린이집에서 월급 원장을 하고 계시던 분이었다.

그분의 이름이 바로 인숙이 이모다. 처음 만났을 때는 그분이 운영했던 미술학원을 이름으로 나도 막내 고모님도 그렇게 불렀다.

'인정 원장님!' 그게 인숙 이모의 호칭이었다.

나중에 알고 난 사실이지만 인정 원장님은 아주 고급 인력이었다. 월급이 꽤 많았는데 나를 만날 당시, 운영자의 괜한 트집으로 많이 힘들어하고 계셨다. 그게 나에게 기회가 되었을까? 인정 원장님은 내가 운영하게 될 어린이집에 대해 조언을 해주기 위해 막내 고모님과 나를 만나러 상계동에서 대림동까지 오셨다. 지하철을 꽤 오래 타야 하는 다소 먼 거리였는데 말이다. 그렇게 인정 원장님이었던 인숙이 이모를 만났다.

막내 고모님은 인정 원장님에게 조카가 아무것도 모르는 상태에서 어린이집을 인수하게 되었고 도움이 필요하다고 했다. 인정 원장님보다는 인정 원장님의 인맥으로 제삼자를 소개받고 싶은 심정이었을 것이다. 하지만 나는 솔직히 내 상황을 이야기했다.

작년에 남편이 갑자기 하늘나라로 가고 세 아이를 데리고 무작정 고향인 서울로 왔다고, 그리고 막내 고모님의 도움으로 어린이집 운영하게 되었노라고.

그리고 인정 원장님과 꼭 함께 일하고 싶다고 눈물로 호소하였다.

내 이야기를 잠자코 듣고 있던 인정 원장님, 인숙이 이모는 알 수 없는 표정을 지었다.

옆에서 속사포처럼 자기 속 얘기를 거침없이 내뱉는 조카를 어안이 벙벙한 표정으로 보고 있던 막내 고모님은 나더러 잠깐 나오라며 손짓했다.

"왜요, 고모?"

막내 고모님은 참 안됐다는 표정으로 나를 보시며 "영주야, 인정 원장님 급료가 얼마인 줄 아니? 인정 원장님이 얼마를 달라고 할지도 모르는데 네가 그렇게 꼭 같이 일하고 싶다고 속 편한 소리는 하는 거야, 이것아."

그렇구나. 그분도 얼마 전까지만 해도 자기 이름의 미술학원을 운영하던 원장님이었다.

그리고 나는 가진 전부를 몽땅 털어 비가 새는 어린이집 건물을 관리하게 되었고 말이다, 이분과 함께 일하면 내 월급은커녕 매월 내야 하는 대출금도 내놓지 못할지도 모른다.

'아뿔싸, 어쩌지?' 머릿속이 새하얗게 변해버렸다.

하지만 뭐 말은 이미 뱉어버렸고 주워 담을 수도 없는 노릇이었다.

게다가 원장 자격도 없고 어린이집에 대해서는 아무것도 모르는 아이 셋 달린 30대 중반의 여자를 뭘 믿고 함께 일한다고 할까! 못하겠다면 할 수 없는 거지.

나는 다시 막내 고모님과 인정 원장님이 있는 곳으로 가서 하던 이야기에 담판을 지어야 했다.

가진 패를 다 내보이고 멍하니 인정 원장님의 대답을 기다리고 있는데 인정 원장님은 갑자기 어젯밤 자신의 꿈 얘기를 했다.

“간밤에 꿈에 누가 나왔어요, 어떤 여자가 무릎 사이에 얼굴을 파묻고 정말 슬프게도 울며 간절히 기도하고 있었죠! 그런데 그 사람이 바로 영주 씨예요.”

그 사람의 모습이 자신의 시야에서 사라질 때쯤 하나님께서 인정 원장님에게 그녀를 도와주라고 하셨단다.

하나님은 그렇게 날 도우셨다!

내 인생 절망의 끝에서 여전히 날 사랑하고 함께 하시며 도우셨다!

인정 원장님이었던 인숙이 이모는 나의 든든한 조력자로 그리고 동역자로 누구보다 성실하고 믿을만한 친구가 되어주었다. 그리고 내가 열두 가정(교사 10명, 운전기사 1명, 조리사 1명)을 책임질 만한 그릇으로 빚어질 수 있게 조언과 도움을 아끼지 않았다.

보호막이 전혀 없고 가진 것이 전혀 없는 상태로 사귐의 여정을 계획한 나에게 믿음으로 출발할 수 있는 용기를 준 사람이 바로 인숙이 이모이다.

인숙이 이모는 내가 이 글을 쓰고 있는 지금 하늘나라에 있다. 그래서 인숙이 이모와의 예쁜 추억은 이모가 그리울 때마다 꺼내기가 무섭게 도로 넣어둔다. 왜냐하면 아직도 가슴 한쪽이 묵직하게 아려오기 때문이다. 이모와 함께 즐겨 먹던 말차 아이스크림의 달

콤함 뒤에 따라오는 씁쓸함이 오늘은 유독 오래 남는다. 갑자기 코끝이 찡해지고 눈가가 촉촉하게 젖는다.

'인숙이 이모 보고 싶다!'

다시 서른여덟 대학 2학년 시절로 기억을 거슬러 올라가 본다.

막내 고모님 유치원을 도우면서 학교도 다니고, 어린이집을 경영해야 했던 그때 말이다.

나 한 사람의 인생 무게도 벅차 숨이 턱까지 차올랐던 나였는데 어느새 딸린 식구가 아해뜰 어린이집에만 12명이다. 모두 나를 '작은 원장님'이라고 부른다. 키가 작아서 작은 원장이 아니라 월급 원장인 인숙이 이모의 권위를 세워주기 위해 인숙 이모를 '큰 원장님'이라고 불렀다. 인숙 이모와 사귐의 여정을 시작했을 때 나의 고백처럼 하나님이 나를 도우신다는 믿음으로 출발했다. 이모와 그 여정을 지속하는 가운데 그 믿음은 사람에 대한 신뢰로 확장되었다.

정확히는 인숙이 이모에 대한 신뢰이다. 인숙이 이모는 내가 이모라고 부르기 시작했을 때부터 정말 나에게 친이모가 되어주었다. 불 신앙인이던 아빠보다는 나를 모태에서 전도한 엄마와 훨씬 더 친밀했던 나는 그 당시 엄마가 전주에 계셨기 때문에 누구보다 인숙이 이모를 잘 따랐다. 게다가 유아교육을 전공하고 있던 나의 엄청난 과제들을 밤을 꼬박 새워서라도 처리해 주는 해결사였다. 미술을 전공했기에 솜씨도 단연 뛰어났다!

당시 주말을 제외한 평일에 공부하랴 일하랴 밥 한 끼도 제대로 챙겨 먹지 못하던 내게 일용할 따뜻한 밥과 속을 든든히 채워주는 간식까지 제공하는 함바집 이모였다!

인숙 이모는 처녀다. 나이 50대 중반에 일은 전천후로 해결하지만, 소녀 감성이 가득한 순수함이 느껴지는 사람이다. 인숙이 이모가 나를 도와주기로 마음먹었을 때 처녀인 이모는 내게 엄마가 되어주기로 했다. 내게 단도직입적으로 말한 적은 없었지만 나는 알았다.

상계동에 계시는 이모의 노모보다 이모에겐 내가 우선이었다.

내가 월급을 주는 사장이어서가 아니라 하나님이 도우라고 자신을 보내셨다는 부르심 때문이었으리라.

인숙이 이모는 주말에는 상계동에 위치한 장로교회 어린이부서의 전도사이기도 했다. 당시 담임이었던 김연희 목사님과 사모님 두 분에게 이모는 스무 살 때부터 알고 지낸 가족만큼 친밀한 사이였다. 미술을 전공한 베테랑 여자 전도사님이었던 인숙이 이모는 누구보다 열정적으로 사랑하고 사역했다. 그래서 타 교회 타 부서보다 신생중앙교회 유년부는 훨씬 끈끈한 팀이었고 이모는 이 팀을 이끌어가는 멋진 리더였다.

원장 자격도 없이 시작한 어린이집 운영이었지만 교육과 행정면에 있어서 작은 원장인 나에게 차근차근 설명해 주면서 아해뜰의 큰원장님으로의 역할을 멋지게 수행하는 인숙이 이모가 있어서 정말 행복했다.

가끔 막내 고모님이 어린이집 운영에 대해 훈수를 두려면 '파란나라(막내 고모님 유치원 이름), 어린이집은 유치원하고 달라요.'라고 일단락시키는 큰원장님인 인숙이 이모가 있어서 정말 든든했다. 누군가와 사귐을 시작한다는 것은 그 사람을 믿기로 마음먹는 것이고 그 사귐을 지속할 수 있으려면 그만큼의 믿음이 필요하다. 나는 인숙이 이모와의 만남을 통해 그것을 깨닫게 되었다. 그래서 우리 아해뜰 선생님들 한 사람 한 사람을 믿어주고 지지해 주기로 마음먹었다.

그랬더니 그 사람들과의 관계가 더 친밀해지고 그들 역시 나를 신뢰하고 의지하며 따라주는 것을 경험할 수 있었다.

'내 사람들이다!' 믿음으로 세워지고 믿음으로 함께 가는 내 사람들이었다.

따뜻한 밥 한 끼

어린이집 개원 준비하고 운영을 한 지 만 2년 만에 어린이집은 다른 원장님에게 맡겼다. 어린이집을 운영한다는 것은 정말이지 쉬운 게 아니었다. 쉬울 거라고 생각조차 해 본 적도 없었지만 말이다. 그리고 내 사람들에게 문제가 생기기 시작했다.

관계에서 많은 힘을 얻고 있던 나는 그 관계로 인해 책임감이라는 무게를 견디지 못하고 그 왕관을 내려놓았다. 살기 위해서였다.

그리고 나의 든든한 조력자이며 동역자인 인숙이 이모가 아팠다.

어느 날부터 이모는 자주 극심한 복통에 시달리고 화장실에서 쓰러져 응급실 신세를 지기도 했다. 그리고 의사로부터 대장암 3기라는 청천벽력 같은 통보를 들었다!

인숙이 이모와 나는 원치 않는 이별을 하게 되었다.

통 크게 시작했던 어린이집 운영을 내려놓으면서 나는 서울을 떠나 교회가 있는 인천 불로동에 전셋집을 얻어 이사를 감행했다.

어린이집의 운영권을 다른 원장님에게 맡기고 나는 교회 집사님이 하시는 어린이집의 월급 교사가 되었다. 내 책임만 아니면 좋겠다는 생각에서 근무하기로 갑자기 해버린 선택이었는데, 내 것이 아니기에 책임을 져야 하는 부분도 있다는 것을 배우는 시기였다.

그렇게 어린이집 평가까지 딱 1년을 버티고 다시 도망치듯 신학대학원에 입학했다.

목회자로서의 부르심이 있었던 것은 아니다. 다 내려놓고 싶은데 이러지도 저러지도 못했다.

걱정만 한가득 지고 죽을상이 된 모습에서 벗어나고 싶어서 야간 대학원 과정이 있다는 소식에 귀가 솔깃했다. 어린이집 평가 기간을 마치고 쉬는 날이 하필 신학대학원 원서 지원하는 마지막 날과 겹치는 바람에 원서를 넣고 그렇게 신학대학원에 들어갔다.

정말 오랜만에 백수 대학원생이 된 나는 1년 동안 일을 쉬면서 열심히 학교에 다녔다.

때마침 하나님께서 그 시기에 든든한 지원군인 친정엄마를 보내주셨다.

맏딸로 엄마의 걱정 어린 중보기도를 받던 나는 정말 힘들었지만 차마 엄마한테 도움을 요청하지 못했다. 하나님은 13년 전 교통사고 후유증으로 몸이 불편했던 아빠를 요양원으로 보내시는 방법으로 엄마를 인천 우리 집으로 보내주셨다.

아이들은 여전히 교회에서 운영하는 대안학교에 다니고 나도 부천에 있는 대학원에 다녔다. 그리고 이듬해에는 전도사로 교회 유년부서에서 사역도 하게 되었다.

유아 전문 교사로의 경력으로 인해 내가 유년부서 담당 교역자로서 적임자라고 생각한 사람이 있었을지도 모르겠지만, 나는 그저 심방 전도사를 맡고 싶었다. 그렇다고 심방 전도사의 역할을 쉽게 생각한 것은 아니었다. 그냥 아이들을 피하고 싶었다.

나는 신학교에 가기 전부터 매일 아침에 말씀 한 구절과 그 말씀에 부합하는 찬양 한 곡을 정해 200명 정도 되는 사람들에게 SNS를 통해 전달한다. 지금도 여전히 그것을 하고 있다. 대상은 예수님을 믿는 신앙인이 대부분이지만 불신자들도 포함되어 있다. 벌써 7년이 넘은 시간을 하고 있다. 대장암으로 투병 중인 인숙이 이모와도 매일 안부를 주고받고 있는 셈이다.

이모도 근황과 사진, 그리고 이모네 교회 새벽예배 설교를 녹음한 파일을 보내주었다. 인숙 이모는 수술과 항암을 통해 암을 이겨낸 듯 보였다. 듣기로 대장암은 예후가 매우 안 좋은 암이었는데 이모는 신앙으로 암을 다 이겨낸 것 같았다.

그리고 내가 이모의 대를 이어(?) 우리 교회에서 유년부서 담당 전도사가 된 것을 아주 자랑스러워하였다.

"영주가 하나님 나라의 일을 하려고 그동안 그렇게 힘든 일을 겪었던 거야,

이모가 그 시간을 함께해서 정말 좋았어."라고 입버릇처럼 이야기했다.

그러던 어느 날, 이모가 병원에 입원했다.

"사랑하는 우리 영주, 이모가 많이 아파, 이모를 보러 와줄래?"

이모의 병이 재발했다. 이모의 까맣고 건강한 머리카락은 얼룩덜룩한 회색이 되었다. 이모는 피부가 아이처럼 보드랍고 희었는데 하루아침에 주름 가득한 할머니가 되어버렸다. 병원에서는 이모의 수술을 거부했지만, 이모는 가족 같은 40년 지기 교회 성도들이 같은 마음으로 기도하고 있으니까 꼭 나을 거라고 수술을 해달라고 의사를 설득했다. 그리고 만약에 죽는다면 병원에 그 책임을 묻지 않을 거라며 수술을 단행했다. 수술을 앞둔 이모를 만나기 위해 운

전을 해서 난생처음 인천에서 서울 아산병원까지 갔다.

두 시간 가까이 운전을 하면서 이모한테 어떤 위로를 해주어야 할지 머릿속이 뒤죽박죽이었다. 사실 그야말로 멘붕이(정신력이 붕괴)된 사람은 나였으니 말이다. 작은 원장에서 전도사가 된 나는 몸무게가 40킬로그램도 되지 않는 꼭 영화에서 본대로 미색 거즈로 된 모자를 쓴 이모를 꼭 끌어안고 10분 넘게 울면서 기도했다.

'인숙이 이모를 살려달라고!'

이모가 필요한 건 위로가 아니라 전도사가 된 '나의 기도'였다.

나는 간절히 하나님께 매달렸다. 이때를 위해서 신학교에 들어가 전도사가 된 것처럼 내 온 마음과 영혼까지 다해 기도했다.

그리고 이모는 또 한 번의 인생을 살게 되었다!

온 교회가 기적 같은 이모의 부활을 기뻐하며 자랑했다. 기독교 방송국인 CBS의 교회를 소개하는 프로그램에서도 이모네 교회와 이모의 간증이 보도되었다. 새벽마다 아침마다 나와 이모는 다시 카카오톡으로 메시지를 주고받았다.

이모는 나에게 "우리 영주가 기도해 줘서 산 거야, 이모는 우리 영주와 함께 아해뜰(어린이집)에서 일하면서 하나님이 너와 함께하시고 네 기도에 다 응답하신다는 걸 알았거든."

수술과 항암 후 식이조절을 시작한 인숙이 이모와 사역과 학업을 병행하며 다시 막내 고모님의 유치원에서 부원장직으로 먹고살기에 바빠진 나는, 서로 간의 거리 문제도 있어 만나서 밥 한번 같이 먹기 힘들어졌다. 그리고 코로나19 바이러스가 기승을 부리고 사랑하는 아빠가 요양원에서 천국으로 이사 가신 지 얼마 후 이모에게 전화 한 통이 걸려 왔다.

“영주야, 인숙이 이모야!
조금 있으면 추석인데 이모가 영주랑 우리 수아, 유겸이, 수영이에게 따뜻한 밥 한 끼 사주고 싶어서 전화했어.
미안하다, 아빠 돌아가셨는데, 가보지도 못했네.”

나는 수화기 너머로 가늘고 가쁜 이모의 숨소리를 들으며 알았다. 이모가 다시 아프다는걸. 그리고 이번이 정말 마지막이 될지도 모른다는 걸.

그래서 언제 어디에서 만날지 바로 이야기를 이어가지 못했다. 이모가 내 카카오톡 메시지를 확인하는 시간이 점점 늦어지고 이모에게서 오던 새벽 설교도 오지 않을 때가 많아졌기 때문이다.

덧붙여 인숙이 이모는 호스피스 병원으로 옮겨야 할 것 같다고, 거기서 병마와 싸울 새로운 방법을 찾아봐야겠다고 했다. 코로나 시국이기도 했고 이모는 따뜻한 밥 한 끼를 사 먹으라며 현금 20만 원을 내 계좌에 이체했다.

그때까지도 전도사인 내가 이모한테 가서 기도하면 이번에도 나을 것 같은 마음이 들었다.

그래서 코로나 상황이 너무 원망스럽고 속상했다. 정신없이 바쁜 나의 일상에도 답답한 마음마저 들었다.

이모와 마지막 통화를 끊고 나는 세 아이에게 단체 문자를 보냈다.

오늘은 인숙 원장님이 우리한테 맛있는 저녁밥을 사 먹으라고 용돈을 보내신 날이니 좋은 메뉴를 골라보라고 말이다. 그날 아이들과 오랜만에 맛있고 비싼 저녁밥을 배달시켜 먹은 게 분명한데 메뉴는 기억나지 않는다. 그날 이후로 인숙이 이모는 더 이상 새벽 설교를 보내지 않았다. 아니 보내지 못했다. 병으로 인한 극심한 통증과 싸우고 나면 진이 다 빠져 핸드폰 자판을 누르기조차 힘들었을 테니까.

그리고 한 달 뒤 010으로 시작되는 발신자를 모르는 번호로 연락이 왔다.

무심코 받은 수화기 너머로 인숙이 이모 목소리와 꼭 닮은, 좀 더 젊은 여자의 목소리가 들렸다. 인숙이 이모의 막내 여동생이었다.

"영주 원장님한테는 알려줘야 할 것 같아서요.

언니와 마지막 인사해야 할 텐데 힘이 없어서 대부분 시간에 잠을 자고 한두 시간 깨어있을 때 통화를 할 수 있어요. 언니가 더 버틸 힘이 없어요."

일주일도 채 지나지 않아 문자로만 이모의 부고 소식을 들었다.

따뜻한 한 끼 식사 선물을 마지막으로 주고받으며 우리는 언젠가 하늘나라에서 다시 만날 것을 암묵적으로 약속했다. 양평 어딘가에서 수목장으로 치러진 이모의 장례식에는 참석할 수 없었지만 나는 두고두고 이모가 보고 싶을 때마다 함께 찍은 사진들을 들추곤 한다.

환한 웃음 가득한 어딘지 모르게 많이 닮아있는, 어깨를 나란히 한 우리의 모습이 그립기만 하다.

서로에 대한 믿음으로 시작한 우리의 만남 그리고 깊어져 갔던 우리의 사귐에 감사하다.

일평생을 교육자로 어린이 사역자로 많은 사람을 살리고 세웠던 우리 인숙이 이모, 꼭 다시 만나요!

네 번째 만남, 나를 엄마답게 만들어준 세 아이와 가장 특별한 만남 나의 하나님

보물 1, 2, 3호

서른여섯의 나이에 열 살, 아홉 살, 일곱 살 세 아이의 엄마이자 아빠가 되었다.

아무리 생각해도 앞으로 어떻게 살아가야 할지 막막하기만 했다.

다짐하고 또 다짐한 내 장래 희망은 보물 1, 2, 3호의 자랑스러운 엄마이자 아빠이다.

그래서 사별하고 반년 만에 서울로 올라와 서울 소재에 있는 전문대학교 유아교육과 여러 곳에 입학원서를 냈다.

눈썹 문신도 하고 화장도 했다. 눈썹 문신은 생애 처음 해 본 거고 화장은 10년 전 결혼식 때 처음 제대로 해 본 이후 해 본 횟수가 열 손가락에 꼽힐 정도다.

꾸안꾸(꾸민 듯 안 꾸민 듯한 자연스러운) 스타일이 대세라는데 나는 그런 유행하는 스타일과는 별개의 삶을 살아온 것이다. 남편도 입버릇처럼 "영주는 화장 안 한 맨얼굴이 제일 예뻐."라고 했고 한 살 반 터울의 아이가 셋이니 화장할 시간도 없었지만 색조 화장품이 아이들의 건강에 좋을 리가 없으니 자연스럽게 화장대 위가 아이들 용품으로 가득했다.

그랬던 내가 띠 동갑내기보다도 더 어린 동기들과 겨루어 입시를 치러야 했으니 잔뜩 긴장하고 내가 할 수 있는 만반의 태세를 갖추어야만 했다. 대학 4곳에 입학원서를 냈고 세 곳에서 보기 좋게 낙방하였다.

이제 한 곳만 남았다. 예년 같으면 특채로 입학 허가를 받을 수 있을 거라는 기대가 있었다. 그런데 문제는 예년 같지 않았다는 데에서 생겨났다.

연세대학교 의상학과를 우수한 성적에 졸업한 전문직 여성이 다니던 회사를 그만두고 유아교육과에 지원하고 서울 소재의 대학에서 악기를 전공하다가 가업을 이어 유치원 원장이 되려고 지원한 30대 남자도 있다는 것이다.

나에게는 그런 대단한 스펙은 없었지만, 보물 1, 2, 3호를 위해 자랑스러운 엄마이자 아빠가 되고자 하는 강력한 동기가 있었다.

그래서 면접시험 첫 질문에서 왜 우리 학교 유아교육학과 지원했냐는 물음에 "작년에 사고로 남편이 하늘나라에 가서 이제 제가 세 아이의 자랑스러운 엄마이자 아빠가 되어주어야 하기 때문입니다." 라고 대답했다. 평소 같으면 왈칵하고 눈물을 펑펑 쏟았겠지만, 꾹 참고 조용히 눈물을 흘렸던 것으로 기억한다. 질문한 교수님과 옆에 계시던 다른 분들도 모두 나의 합격을 기원한다고 말씀해 주셨다.

면접시험장에 조카를 들여보내고 우리 막내 고모님은 주차할 곳을 찾다가 결국 아무 데나 대놓고 조카를 따라 면접을 보는 강의동까지 들어오셨다. 결국 몇 차례 전화를 받고 차를 옮겨 대러 다시 밖으로 나가셨지만 말이다.

막내 고모님은 지방대학이긴 하지만 도립대학교를 나름대로 우수한 성적으로 졸업하고 중등 교원자격증이 무려 2개가 있는 조카이기에 입학 허가를 받기는 쉬울 거로 생각했던 것 같다. 하지만 합격자 발표를 앞두고 잔뜩 심각해진 상황(예년과 다른)을 전해 듣고 마음을 놓고만 있을 순 없어서 학교로 전화했던 것 같다. 관계자와 통화 후에도 그 분위기는 좀처럼 해소되지 못했다. (예상했던 같은 대답이었기 때문에)

어쨌든 나는 합격 통지를 받았고 지원했던 학교의 대학생이 되었다.

대학생이 되어 학교에 다니고 학위만 있으면 우리 집 보물 1, 2, 3호의 자랑스러운 엄마가 될 수 있을 줄 알았는데 생각보다 대학 생활은 녹록지 않았다. 그리고 시간은 야속하게도 더디게 흘러갔다. 주중에 기숙사 생활을 하는 아이들과 주말 시간을 잘 보내기 위해 더 열심히 공부하고 일해야만 했다. 그리고 금요일에 학교를 마치고 바로 인천에서 서울 집으로 가고 싶어 하는 아이들을 잘 설득해서 교회에서 진행하는 심야 기도회에 참석했다.

우리 집 보물들이 일주일 동안 보고 싶었던 그 시절 엄마는, 울부짖으며 기도하고 예배를 마치고 집으로 가는 내내 목청껏 찬양하는 모습으로 각인되었을 것이다.

그때는 그렇게 살아야만 했다. 그래야 살 수 있었다. 자고 일어나면 한 뼘은 자라 있어야 할 아이들이 늘 그대로였다.

하루는 우리집 보물 1, 2, 3호가 물어보았다.

"엄마는 꿈이 뭐예요?"

학교에서 장래 희망에 관해 이야기를 나누었던 모양이었다.

"응, 엄마는 수아, 유겸이, 수영이의 자랑스러운 엄마이자 아빠가 되고 싶어. 그래서 다시 대학생이 된 거야. 누가 물어봐도 '우리 엄마는 유치원 선생님이야.'라고 너희들이 말할 수 있게 말이야."

그렇다, 난 이왕 시작한 김에 정말 좋은 유치원 교사가 되고 싶었다.

이런 소망으로 내가 만나는 사람들을 대하고 함께 하였다.

내가 사귐의 여정에서 정말 중요하게 생각하는 게 바로 이 부분이다.

관계에 있어서 어떤 한 사람이나 소수의 이익을 위한 수단으로서의 관계 맺음이 아니라 함께 하기에 앞으로가 더욱 기대되는 그런 만남의 시간이 중요하다는 것을 깨달았다.

보물 1, 2, 3호는 누가 먼저랄 것도 없이

"엄마는 이미 우리에게 정말 자랑스러운 엄마예요."라고 대답해주었다.

아이들은 대단하고 특별한 엄마가 아니라 여전히 자신들을 사랑하고 함께하는 우리 엄마면 되는 거였다. 아이들의 대답은 지금도 생각하면 큰 울림이 있는 감격스러운 말이다.

혹시 신영주 전도사님 아니세요?

함께 사역하는 부목사님들이 농담 반 진담 반으로 나를 각성시키는 말이 있다.

"엄마, 일어나세요. 교회에 가야지요.

엄마가 전도사님인데 아직 자고 있으면 어떻게 해요!"

큰딸 수아 이야기를 목사님들 앞에서 한 게 내 실수였다. 교회에서 파트타임 사역자로 근무하다가 2022년 12월부터 전임사역자가 되면서 나는 잠과의 사투가 시작되었다. 말 그대로 기초체력이 완전히 달리는 상태라서 금방 지치고 오래된 배터리처럼 곧 방전되기가 일쑤다.

그래서 틈틈이 잠을 자두어야 해서 수요 저녁 예배 시간을 앞두고 저녁 식사를 하는 대신 한숨 자는 것을 선택했다. 파트타임 사역을 할 때부터 중학생인 큰딸 수아와 저녁 예배 찬양팀 싱어로 함께 봉사하기 위해 7시 30분 예배이니 교회에 저녁 7시까지는 가야 했다. 10분 전에는 채비하고 집을 나서야 하는데 나는 번번이 일어나기가 고역이었다. 고정으로 5분씩 늦다 보니 전임사역자가 되고 난 후에 어느 날엔가 목사님들 볼 면목이 없어서 그냥 해 본 말이었는데 그 뒤로 놀림감이 되어버렸다.

다소 거친 운전 습관을 가진 나를 좋게 말해주는 사람들은, 운전하려면 나처럼 행동이 과감해야 한다고 말한다. 물론 그들 대부분은 자동차 운전면허가 없거나 장롱 면허증 소지자이다. 그리고 시기적절하게 내 도움을 받아 불편을 해소한 사람들이다.

객관적(?) 잔소리꾼으로 성장한 둘째 아들 녀석은, 밖에서는 덜한데 가족들에게는 거침없이 실력을 과시한다.

올해 고등학생이 된 막내딸도 오빠 잔소리 듣기 싫어서 남들보다 좀 더 성실하고 부지런해서 오빠가 자신에게 잔소리할 틈을 주려 하지 않는다. 제 할 일은 알아서 잘한다는 의미이다.

첫째 딸 수아는 엄마인 나에게나 두 동생에게 너그럽고 관대한 성품인데, 셋이 의견의 일치를 보는 순간이 있다.

온 가족이 함께 내가 운전하는 차를 타고 있을 때다.

유난히 겁이 많은 성격으로 난, 운전 시 스마트 크루즈 기능을 사용할 때 차 간격을 다소 널찍하게 설정해 두는데, 자동차 유동량이 많은 출퇴근 시간에 번번이 내차 앞으로 끼어들기를 하는 차들이 적지 않다. 그래서 차 안에서의 나는 평상시와 사뭇 다른 모습이다.

갑자기 끼어든 차를 향해 버럭 화를 내고 소리를 지르며, 차마 욕설은 못 하지만 '그 차가 당신이 타는 마지막 차가 될 거야!'라고 저주한다.

그러면 객관적(?) 잔소리꾼인 아들부터 한소리를 한다.

"혹시 수정교회 신영주 전도사님 아니세요?"라고 말이다.

잠시 차 안에 정적이 흐르지만, 다시 내 차 앞으로 끼어든 다른 차로 인해 나는 다시 소리를 지른다.

부끄러운 고백이지만 잔소리꾼인 아들이 주일 저녁에 기숙사에 들어가고, 아침 러시아워를 뚫고 등굣길을 편하게 정시에 갈 수 있게 도움을 주는 고마운 엄마이지만, 같은 상황이 펼쳐지면 막내딸도 관대한 첫째 딸 수아도 이구동성으로 잔소리한다.

"혹시 수정교회 신영주 전도사님 아니세요?"

재작년까지는 3년 동안 유년부서를 담당하고 있었으니 '유년부서'라는 꼬리표도 꼭 달아주었다. 틀린 지적이 아닌데 나는 번번이 화를 내며 앞으로는 너희들이 알아서 학교에 오고 가라고 윽박질렀다. 그리고 한동안 화를 가라앉히지 못했다. 하지만 집으로 교회로 돌아와서 혼자 있을 때면 나 자신에게 화가 나고 후회의 파도가 밀려온다.

10년 전에는 '이 꼬마들이 언제 커서 엄마를 도와줄까?', 신학대학원에 입학했을 때는 '하나님, 우리 삼 남매가 언제 자라서 저와 함께 동역해 줄까요?'하고 기다리면서 하소연하듯 기도했다. 그런데 어느덧 벌써 이만큼 커서 자기 몫을 하고 각자의 자리에서 반듯하게 자리를 지키며 엄마의 잘못을 사랑 어린 잔소리로 지적한다.

그리고 잔뜩 서운한 표정의 퉁명스러워진 엄마를 보며, 달래듯 첨언한다.

"우리랑 있을 때는 괜찮아요, 우리가 없을 때 엄마가 사역하면서 이런 모습이 나오면 안 되잖아요."

언제 커서 엄마의 마음을 알아주고 엄마를 도와주려나 기대했던 나의 세 아이는, 훌쩍 커서 사역자인 엄마보다 더 믿음직스럽고 하나님 나라의 소망을 가득 품은 동역자로 우리 교회의 다음 세대가 되었다.

매일 드리는 가정예배의 든든한 동역자이며 나의 초고 설교를 치밀하게 검열해주고 더 나은 사역의 길로 나아가게 하는 동행자가 있어서 정말 감사하다.

어제보다 나은 내일의 나를 소망하며 오늘을 동행할 나의 사람들이 있어서 나는 행복하다. 이 사귐의 여정을 보낼 수 있어서 정말 행복하다!

나는 인생이란 사귐의 여정을 지나오면서 하나님께서 우리에게 선물과 같은 좋은 만남을 복으로 허락하신다는 것을 믿게 되었다. 그 길의 끝에는 언제나 하나님 자신이 계신다.

우리에게 어떤 역할이나 일을 부여하시고 확인하시려는 것이 아니라 그냥 그 길 끝에 하나님이 계시고, 우리는 항상 잊어버리지만, 그 길에 동행하시며 하나님이 친히 나의 복이 되어주려 하신다는 사실이다! 그리고 우리가 꼭 누려야 할 축복은 바로 하나님을 더 가까이 만나는 것이다.

"여호와께서 사람의 걸음을 정하시고 그의 길을 기뻐하시나니
그는 넘어지나 아주 엎드러지지 아니함은
여호와께서 그의 손으로 붙드심이로다."

시편 37편 23, 24절

매일 새로워지는 삶

조봉화

붐 커피 & 갤러리
㈜세광하이테크 이사
붐 커피 & 갤러리 카페 뿜 공방을 작업실로 쓰고 커피도 내리고 그림도 그리고 독서 모임도 하고 다양한 커뮤니티 방으로 평생 현역의 꿈을 꾸는 크리에이터입니다.

인생 2막의 공부는 더 성숙한 모습으로 완성해 가고 풍요로움과 가치를 선물 할 것이다. 독서는 인생의 나침판이다.

절망 속에 피는 꽃

품성은 편안하고 고요한 상황에서 발달하지 못한다.
오로지 시련과 고통을 겪음으로써 영혼은 강인해지고
시각이 명료해지고 야망이 타오르고 성공을 성취하게 된다.
헬렌 켈러(Helen Keller)

위기는 기회로

인생 속에서 우리는 크고 작은 수난을 겪으면서 살아간다.

감당하기도 힘들 정도로 대형 사건으로 오기도 하고 자잘하게 오기도 한다. 나에게도 대형 사건이 왔다. 대형 사건 들은 뉴스에서나 보고 남에 일로만 보고 스쳐 갔던 것들이 나에게도 대형 사건이 왔다. 뉴스에 대형 사건들이 나올 때 남의 일이라고 생각 없이 보고 살았는데 누구에게나 예상치 못한 사건들이 돌고 도는 것이라는 생각이 들었다. 살면서 이런 일은 안 겪으면서 살아도 좋으련만 이런 큰 시련이 나에게 왔다.

남편의 회사가 불이 나서 한 줌의 재로 남았다.

꼭 폭탄 맞은 것처럼 뿌연 연기와 불길로 영화에서나 볼법한 일이 내 눈앞에서 일어나고 있다.

전쟁터처럼 아수라장이 된 현장을 허망하게 보고 있는 그 눈빛…. 평생 자신이 일구어낸 일자리가 없어지는 순간 얼마나 가슴이 무너져 내렸을까? 산더미처럼 많이 일을 해놓은 것들이 아무 형체 없이 다 타버렸다. 그때 문득 이런 생각이 들었다가 인생은 떠날 때는 아무것도 가지고 갈 수 없을 텐데 불필요한 것들을 너무나 다 안고 살았구나! 꼭 필요한 것만으로 갖고 심플하게 살아야 하겠다고 생각 했다.

40명의 직원은 일자리를 잃고 기숙사에 있던 직원들은 옷가지 하나 못 챙기고 모텔로 임시 거처를 잡았다. 기숙사에 머물던 외국 근로자를 생각하니 가슴이 먹먹하고 눈물이 났다. 직원들은 얼마나 놀랐을까…. 이럴 땐 어떻게 해야 할지 막막하고 오히려 머릿속이 텅 빈 것 같다.

구약에 욥이 생각이 났다. 재난, 질병 가족의 죽음 ~모두 비난하고 떠났지만, 끝까지 하나님만 믿고 믿음으로 갔던 욥이 지금 나인 것 같았다.

하나님을 향한 간절함만이 나를 지켜줄 것 같다.

며칠이 지나고 한 달이 지났다. 마음이 안정되었다. 어지럽고 복잡했던 마음은 정리가 되고 지금 이렇게 살고 있는 것 만해도 감사했다. 그래도 내가 가장 힘들 때 주님이 옆에 있고 따뜻한 이웃과 친구들이 있다는 게 얼마나 감사 한가. 모든 건 마음먹게 달린 거다. 이길 수 있는 시련만 주시는 거다. 그래 끝 난 것은 끝난 게 아니다. 희망을 주는 거다. 더 단단해지고 '내 인생에 플랜을 다시 짜라는 신호다.'

사람마다 충격의 강도는 다 틀릴 것이다.

"인생은 고통과 권태를 왔다 갔다 하는 시계추"라고 쇼펜하우어가 말한 것처럼 우리는 살면서 늘 왔다 갔다 하면서 고통을 줄이며 사는 것이다.

아무 고통 없이 잘살기만 한 사람이 잘살기만 한 걸까~ 유유자적 사는 사람이 편하게 사는지는 모르지만, 큰 경험이 없으니 깨달음도 부족하고 심심하게 살 것 같다.

대형 사고는 대형 사고인 만큼 간절한 소망으로 이겨 낼 것이고 작으면 작은 대로 경험이 되어 지혜롭게 살 것이다.

그러면서 정신력은 더 강해지고 슬기롭게 살 수 있는 길을 만들며 사는 것이다.

가장 위로받고 의지하는 주님을 만난 게 얼마나 다행인가.

큰 경험이 큰 깨달음을 주셔서 고통을 당하는 사람들에게는 따뜻한 위로와 용기를 줄 수 있는 사람이 되었다. 나에게 큰 도움을 준 친구가 앞으로 어렵고 고통 받고 힘든 사람 있으면 나에게 도움을 주었던 것처럼 남을 꼭 도우며 살라고 했던 나에 소중한 친구 마음 따뜻한 친구 꼭 그 친구의 말을 되새기고 실천에 옮길 거다. 나에게는 좋은 친구로 값진 교훈을 얻고 남의 고통을 외면하지 않고 위로하고 베풀며 나누며 사는 것을 배웠다.

이렇게 큰 깨달음은 큰 시련에서 얻는 것이다.

늘 인생은 큰 어려움이 더 큰 깨달음을 준다.

나에게 큰 힘과 용기를 주었다.

내 옆에 누가 있느냐에 따라 인생의 방향이 바뀐다

내가 받은 사랑으로 어려운 사람들을 도와주면서 함께 살아야 함을 배웠다.
나는 혼자가 아닌 소중한 사람들과 사회적 관계에서 함께한다는 걸 배웠다.
사람에게 배우는 것만큼 소중한 건 없다.
"좋은 사람을 만나는 건 최고의 선물이다."

고통 받는 사람들을 외면하지 않고 나누며 베풀며 살라는 지혜의 선물을 주셨으니 말이다.
큰 고난과 고통이 경험돼서 지혜와 큰 깨달음으로 다시 인생을 설계하는 능력을 주셨으니 얼마나 대단한 일인가.

나는 다시 인생 설계도를 그린다.
위기는 더 큰 기회로!
더 멋지게 설계해서 시작하는 거다.
설계도를 그리고 그동안 경험으로 다시 시작하면 된다.

"주님과 함께라면 외롭지 않고 미래 희망만 있으리라는 것을⋯."
주님의 영원한 껌 딱지로⋯.

건강한 삶은 평생 현역으로!

"어제를 뒤돌아보는 건 그만하자.
그 대신 내일을 발전시켜 나가자."
-스티브 잡스-

나는 나이 60을 넘기면서 나이에 무감각해진 것 같다.
나이 개념이 없어졌다.

요즈음은 기본 100세까지 사는 시대에 살고 있다.
이젠 나이는 숫자일 뿐이다
젊어서는 방법도 모른 채 하루하루 살아간 것 같다.
지금부터는 나를 잘 키워 주고 싶다
영성에서 지성으로 배우고 깨닫고 나누고 봉사하며 현역에서 죽을 때까지 일하며 사는 나를 만들어 나가고 싶다.

도전하는 데 나이는 필요 없다.
인생 2막 설계도를 그리며 사는 것이다
내 바인더에 촘촘하게 하루 계획표를 보면 가슴이 뛴다. 내일 또 새로워지고 뭔가 한 가지라도 배운다는 것에 가슴 설렌다.

꿈과 목표는 영혼의 울림

꿈과 목표가 있는 내 삶의 비전 노트는 오늘 하루 실천에 옮기면서 셀프 칭찬을 해주면서 나에게 한 가지씩 할 때마다 스탬프 도장을 찍어준다.
하루해야 할 일 리스트 하지 말아야 할 리스트를 바인더에 적고
하루 루틴 데로 실천에 옮기는 것이다
재미있고 즐겁게 열심히 하루를 보내는 거다.

"계획 없는 목표는 한낱 꿈에 불과하다."

생텍쥐페리의 말처럼 계획과 목표가 없다면 우리는 하루를 살았을 뿐이다.

끈기와 인내로 꾸준히 꿈을 향하여 하루하루 실천한다면 5년 후 10년 후 내가 어떻게 변해 있을지 궁금하다.

배움의 끈은 나의 삶을 더 즐겁고 정신적인 가치가 배가 되게 하고 조금씩 변해가는 나는 늘 성장한다. "지금도 성장 중이다."

지금까지 남보다 좀 덜 배웠으면 어떻고 좀 못하면 어떤가.

지금부터 시작하고 매일 변화 하는 지금 내가 대견한 거지….

매일 꾸준히 하다 보면 인생을 바꾸는 시간이 되고 목표와 꿈을 이룬다.

김형석 교수님은 "인생은 살아보니 65세부터 75세가 가장 성숙한 시기고 무르익은 시기라고" 한다.

나이를 먹었다고 하루하루 그냥 사는 건 그냥 하루를 살았을 뿐이다.

하루 한 시간이라도 집중하고 몰입할 수 있는 일을 찾아서 꾸준히 하자.

나를 챙기고 나를 돌볼 사람은 결국 나이기 때문에 나를 계속 변화시키고 다가오는 미래는

너무나 멋지고 꿈 많은 할머니 글로벌 시대에 내가 할 수 있는 일이 많아지는 그런 할머니가 되는 거다.

지금부터 시작해도 괜찮아!

"역사상 가장 위대한 발견은 사람이 태도를 바꾸는 것만으로
미래를 바꿀 수 있다는 것이다."
- 오프라 윈프리 -

내 나이가 어때서!

옛날에는 나이 60이 넘으면 노인연령 진입대로 들어갔다. 그런데 내가 그 나이가 되고 보니
몸과 마음은 여전히 변하지 않고 신기하게 오히려 꿈과 목표가 생겼다.
김미경 강사님은 지금 시대는 내 나이에서 17살을 뺀 게 요즘 사람들 나이라고 한다.
그럼, 지금도 나는 너무 젊은 것 아닌가 생각하니 자신감이 생겼다.

오히려 젊었을 때보다 나만의 시간을 쓸 수 있는 시간적인 여유도 생기고 나를 돌보고 챙길 수 있는 시간도 많으니, 지금까지 경험하고 배운 것을 토대로 더 내가 성장 할 수 있다.
나이 60을 넘기고 보니 사람들은 그 나이에 무얼 하냐고 그냥 재미있게 놀고 즐기라고 한다.

재미있게 살라고만 한다. 그게 정답일까? 나는 '강력하게 NO!' 라고 대답하고 싶다.

지금은 100세까지 사는 시대다. 새로운 시대는 새로운 공부를 해야 한다. 디지털에 올라선 사람과 안 올라선 사람은 삶의 질이 틀려질 것이다. 앞으로 5~10년 후는 4차 산업 시대가 오고 테크놀로지한 시대에 AI 혁명과 메타버스 타고 연령을 초월한 공간에서 나이의 벽이 허물어진 새로운 세상에서 살 텐데 그 긴 세월을 눈 감은 장님처럼 살기에는 너무 긴 세월이다.

몰라도 이것저것 눌러보고 또 실행해 보고 해야 우리는 불편하게 살지 않기 때문이다.

무사안일주의로 하루하루 버티기엔 너무 긴 세월이다.

지금은 시간적인 여유도 많이 생겼다. 지금까지는 나를 돌보지도 못했던 시간 이제는 나를 돌보고 성장해 가는 오롯이 나 만에 인생이 된 것이다.

KBS '동네 한 바퀴 '라는 프로에 목포에 있는 우리나라 최고령 90세 바리스타 할머니를 보고 감동했다.

'동네 한 바퀴'라는 프로그램에 이 만기 씨가 진행자로 나오는 프로그램인데 인데 90세 최고령 바리스타 할머니가 출연하셔서 자기 일과 삶에 대한 자신감과 긍정적인 마음 자세를 보고 나는 다시 깨달았다.

나이 90이 넘으셨는데도 소녀 같은 감성으로 떡을 만들고 커피를 내리며 젊은 사람과 대화를 나눠도 손색이 없는 분이셨다.

평생 현역으로 할머니만의 멋진 철학으로 사시는 최고령 바리스타 시다.

오후에는 아들이 커피와 팥빙수를 판다고 한다.

엄마와 아들 카페다.

앞으로는 오래 살아서 부모 자식이 친구처럼 의지하고 꾸려 나가는 가게가 많을 것 같다.

'EBS 방송 골라 모래언덕 다큐'라는 프로그램에 '회현동'이라는 카페를 소개하는 프로가 있었다. 여기도 80대 할머니가 바리스타다. 즐겁게 순수한 모습으로 인정스럽게 일하시는 80대 바리스타 할머니는 일을 할 수 있어 너무 좋다고 하신다. 손님들은 친정엄마처럼 포근하고 정다워서 카페에 자주 온다고 한다. 우리는 무얼 하든 진실한 마음으로 친절하게 한다면 그 마음은 손님에게 다 전해지나 보다 .

카페메뉴가 재미있다.

카페메뉴

-할메리카노

-할메라떼

-할메눈꽃팥빙수

메뉴와 할머니 바리스타 얼굴만 봐도 저절로 웃음이 나오고 힐링이 되고 친근감이 가서 메뉴별로 다 맛보고 싶고 하루 종일 놀고 싶은 카페다. 보기만 해도 정감이 가고 재미있고 우리의 마음을 완전무장 해제시킬 것 같다. 왠지 커피 맛은 할머니의 손맛이 가미된 구수한 커피 맛일 것 같다.

그리고 바리스타 할머니하고 세상 돌아가는 이야기도 나누고 또 내가 무슨 말을 하든 다 들어 줄 것 같은 세상에서 젤 편한 카페일 것 같다.

회현 마을의 명소라고 한다. 손님 들이 커피가 맛있다고 말할 때 보람을 느끼고 즐겁게 일할 때 가장 행복 하다고 하신다.

얼굴의 주름은 많지만 순수하고 인정스러운 표정 어디에도 볼 수 없는 포근함 나이 먹어 가면서 최고의 장점 아닌가 싶다.
나이 먹었다는 푸념보다는 세상을 향하여 내가 해야 할 일은 너무 많고 내가 필요한 손길이 있다면 도움을 주고 싶다.

우리가 어떤 일을 하든 즐겁고 긍정적인 마음으로 일을 하고 일거리가 있다는 게 나이 먹어 가면서 큰 기쁨일 거다.
'나도 100세까지 현역에서 일하는 크리에이터가' 되어야겠다고 생각이 들었고 나이에 흔들려서 스스로 포기하는 일이 없도록 마음 다짐해 본다.

책으로부터 내 꿈은 시작되었다.

"하버드 졸업장보다 소중한 것이 독서하는 습관이다."
-빌 게이츠-

책은 나의 멘토 영원한 스승이다. 나이 60세 넘어서 무슨 책을 읽느냐고 하겠지만 우리는 앞으로 4~50년은 더 살아야 한다.

내면의 단단함과 정신적 가치를 레벨 업 할수 있다. 공부는 우리가 학교 과정이 필요했듯이 다시 공부해야 한다.

"성장은 멈추지 않았다."

나는 앞으로 내가 어떻게 변하는지 기대하며 하루 책 50페이지 목표로 일주일에 1권씩 일 년 동안 50권을 목표로 읽기로 했다. 2막 인생 출발점이 어떻게 시작이 되고 일 년 후 어떻게 변하는지 기대된다.

본, 깨, 적 저자 박 상배

"본 깨 적" 노트의 힘은 내 삶의 열정으로

-본~본 것

-깨~깨달은 것

-적~적용할 것

이 책을 읽고 내 인생에 큰 변화가 올 거 같다. 내가 살아온 세월 굳어진 사고력 고정관념에 사로잡혀 더 폭넓은 생각을 못 하고, 책을 봐도 휘발성이 있어 거의 내용이 머릿속에 남아 있지 않았다. 본, 깨, 적 책에 내 삶에 적용할 것이 너무 많은 것 같다.

나는 오늘 본 것을 깨닫고 적용해 보고 글 2줄이라도 꼭 써보기로 했다.

책으로 인해 생각이 바뀌고 내 삶의 변화가 있다면 내 인생이 바뀌는 거다. 나이 듦이 외로운 길이 아니라 설레는 일로 바뀌지 않을까?

내 인생의 친구인 '책 한 권, 노트 한 권, 연필 한 자루는' 나에 즐거움이고 내 인생 2막을 책임져줄 강력한 도구다.

"독서가 천재가 홍 팀장" 강규형 저자의 책이다.

독서를 통한 자기 경영을 잘하려면 우리가 매일 커피 한 잔 마시듯이 매일 조금씩 책 읽고 실행을 해보라고 한다.
매일 50페이지 읽고 깨달은 것 몇 줄 쓰고 실행에 옮기는 거다.

고명환 저자가 쓴 책 "이 책은 돈 버는 법에 관한 이야기" 인기 있던 개그맨인데 교통사고가 나서 거의 죽음의 선고를 받았다고 한다. 병원에서 읽은 책이 수백 권이 된다고 한다. 그리고 책으로 큰 깨달음을 얻어서 다시 태어나는 기분으로 매일 아침 새벽에는 남산 도서관을 간다고 한다. 고 명환 작가님은 아침에 "남산 도서관에 가면 우리나라 가장 좋은 차는 남산 도서관 주차장에 다 모여 있다고" 쓰여 있다." 앞으로의 목표는 도서관 짓는 일이라고 한다.

이른 아침 새벽에 찬 공기를 마시며 남산 도서관에서 책을 읽고 있는 분들은 가장 최고의 삶을 살지 않을까 하는 생각이 든다.
"독서의 힘은 우울증도 없고 좌절도 없고 가슴에 열정만 가득 찬다는" 고명환 저자의 말에 크게 공감한다.

"웰씽킹"의 저자 켈리 최

동시대의 같은 연령으로 그 시절 환경이 어려웠고 여자라는 이유로 교육도 제대로 받지 못하던 그 시절 그 시대에 공장에서 일하고 야간 고등학교에 다니며 절망적인 환경에서 꿈을 잃지 않고 목표를 달성한 켈리 최 지금은 글로벌 기업 회장님으로 세계 12개국 30개가 넘는 계열사를 가지고 있는 켈리 최 회장님이다.
10억이라는 빚을 지고도 일어설 수 있었던 건 강인한 정신력 끝없는 도전과 실행력, 끝없이 믿어주고 사랑을 준 어머니, 가난하고 배고픈 어린 시절 친구의 죽음을 바라보며 대신 그 몫까지 잘 살겠다는 우정과 의리, 따뜻하고 정도 많은 켈리 최

똑같은 사물을 보고도 다르게 해석하고 남보다 다른 인생을 선택하는 켈리 최 회장님은 꿈을 꾸게 해주는 멘토다.

많은 독서량으로 마음의 그릇을 키우고 실천에 옮겼던 켈리 최 회장님은 내 삶의 롤 모델이다. 비전 노트를 쓰게 만든 멘토다.

독서를 통해 생각의 수준을 높이고 삶의 가치와 의미를 부여하는 정신적으로 풍요로운 그런 삶을 살자.

책을 10권만 읽으면 습관이 생기고 책을 읽을 수 있는 근력이 붙기 시작한다고 한다.

책은 나에 가장 훌륭한 스승이고 내 삶에 멘토이고 나의 지적 호기심을 채워준다.

저자님들과 대화도 나누고 서로 가는 길은 틀리지만, 살아온 삶의 흔적들을 보며 저자님들과 대화를 나누며 내 관점에서 깨닫는다.

또 내 꿈과 목표를 함께하기 때문이다

나의 꿈과 비전 노트

"나의 하루가 모여, 내일이 되고 다가올 미래를 알 수 있다."
-피터 드러커-

-하루 성경 말씀 켈리로 글쓰기
-산책하기, 운동하기
-심플하게 살기, 매일 하루에 한 가지씩 버리기

-동네 쓰레기 줍기
-꽃 키우기
-맛있는 음식 만들어 나눠 먹기
-한 달에 한 번씩 지역 봉사 모임 나가기
-하루에 책 50페이지 책 읽기
-하루 한 장씩 드로잉 하기, 블로그 쓰기
-하루 감사 글 세 가지씩 쓰기
-일주일에 영화 한 편씩 보기
-한 달에 한 번씩 미술관 여행 가기
-일 년에 한 번씩 한 달 살이로 어려운 나라 봉사하며 살아보기
-일 년에 한 번씩 버킷리스트 써보기

나의 꿈과 목표가 이루어지도록 도전하고 실행에 옮길 것이다.
매일 매일 나는 조금씩 변할 것이고 꿈을 향하여 도전할 것이다.

내가 꿈꾸는 뿜 공방 이야기

공간과 문화를 파는 곳 소모임 방

우리는 익숙한 공간에 벗어나 낯선 공간을 가고 싶어 하는 본능이 있다. 카페라는 공간은 문화가 있는 곳 사람과 사람이 만나는 곳 또 그곳에서 인생 스토리가 생기고 가장 가까운 곳으로 시간 여행 하기 좋은 곳은 가까운 카페이다. 삶을 나누고 각자 도란도란 대화도 나누며 휴식 공간으로 쉼이 필요한 공간이다. 하루 일상을 이어주는 충전소다.

카페는 단지 커피만 파는 곳이 아니다. 커피, 분위기, 음악, 공간 모두 다 갖추어야 할 종합예술 공간이다.

카페는 나라마다 문화가 다르듯이 차이는 있지만 사람과 사람이 만나는 곳이다. 우리나라도 생활 수준이 높아지고 여유가 생기면서 카페라는 커뮤니티가 하나의 문화로 거듭 발전해 나가고 있다.

유럽의 카페문화는 우리나라 카페와는 문화가 다르다.

프랑스 파리 있는 카페는 예술과 문학이 공존하는 만남의 공간이었다.

늘 돈이 없던 '반 고흐는' 타고난 천재성과 예술 감각으로 "밤의 카페테라스를" 그렸고 고갱과의 만남도 카페에서 만남이 이루어졌고,

세잔, 피카소 당대의 최고의 화가들도 카페에서 만났다.

문학자이고 철학자인 '장 폴 사르트르'와 '시 몬드 보부아르'의 만남도 카페서 만남이 이루어지며 사랑도 삶도 카페라는 공간에서 이루어졌다.

카페라는 공간은 지성인들의 사교 모임 장소이고 만남과 소통의 공간이다. 우리나라도 수준 높은 의식을 갖고 내 감성 지수를 높이고 내 마음을 감성 모드로 카페 이용을 한다면 내 삶이 더 여유가 있지 않을까?

뿜 공방 카페는 사람과 사람이 만나서 관계를 이루며 진한 커피 향으로 테라피 하고 삶을 나누며 쉬었다 가는 공간으로 바쁜 일상 하루를 여유 있게 살 수 있는 카페다.

내가 꿈꾸는 뿜 공방 이야기는 내가 가장 좋아하는 타샤 튜더의 삶처럼 살고 싶다.

카페는 이런 곳이라야 한다.

-맛있는 커피를 마시고 싶을 때
-독서토론 모임방
-책을 읽고 싶을 때
-생일잔치하고 싶을 때
-소모임하고 싶을 때
-따뜻한 위로가 필요할 때
-쉼표가 필요할 때
-친구와 수다를 떨고 싶을때

삶을 예술처럼!

이 지구상에 똑같은 사람은 하나도 없다. 좀 부족해도 괜찮고 불완전한 구석이 있어도 괜찮다. 지금까지 살아오느라 고생한 나를 칭찬해 주고 나를 다독거려주고 "하나님이 만들어준 최고의 걸 작품은" 나라는 것을 자랑스럽게 생각하고 '미켈란젤로'처럼 매일 조금씩 조각 하면서 살면 된다." 나는 하나님이 만들어준 걸 작품이기 때문이다."

우리의 삶은 늘 하루가 한편의 시였다. 일어나서 거울을 보며 나와 맞서는 순간 나의 삶에는 한 조각 한 편의 시가 시작된다. 나이 들어보니 자잘한 고난들이 경험과 지혜가 쌓여 내 가슴속 한편에는 모든 게 시의 파편처럼 느껴졌다. 봄에 씨를 뿌려둔 움이 트는 새싹에게도 말을 걸게 되었고 화사하게 핀 꽃에도 고맙다고 인사하게 되었다.

주위에 모든 것들이 가슴 설레게 했고 나이 먹어서 짙어지는 이 감성은 내 가슴을 촉촉하게 적셔 주고 감사함으로 완전 무장 했다. 1막 인생은 사느라고 애썼고 2막 인생은 삶을 예술처럼 가꿀 수 있게 되었고 삶에 의미와 가치를 나에게 선물하는 "내 인생 최고의 클라이맥스 기간이다." 거울을 매일 바라보는 순간 나는 매일 웃었다…. '2막 인생을 살아가는 건 가슴 설레는 일이다.' 내 삶을 사랑하며 마음에 여유를 갖고 조금씩 꿈과 목표를 갖고 지금 시작 하는 거라고 나는 오늘도 거울을 보며 웃는다. 매일 매일 기대가 된다고 꼭 내가 지켜 줄 거라고 말한다.

"오지게 재미있게 살 거라고…."

어디서 누구와 무엇을 어떻게 하며 살 것인가 ?

민들레정원

민들레꽃이 장미에 말을 건넸다.
장미야 네가 나보다 더 예쁜 것 같아!

장미가 말했다.
나 예쁘긴 한데 가시가 있어!
가까이 오면 찌를 수도 있어!
나는 네가 더 예쁜 것 같아!

가만히 보고만 있던 키 큰 튤립이 늘씬한
목을 내밀고 말했다.
'하늘하늘' 몸을 흔들며
내 실루엣이 어때?

그냥 넘어갈 걸 수 없는 노란 해님 같은
해바라기가 나는 키가 젤 커서 선봉대장이란다.

멀끔히 바라보고만 있던 국화가
나는 이 정원을 구석구석 보살피는 깔끔 대장이란다.

소복소복 쌓여있는 눈꽃 송이 같은 수국이 나는
에너지 넘치는 힘이 있어!

배시시 웃고 있던 수줍은 데이지 꽃이 점잖은 말로 말을 건넸다.
나는 이 정원에 꽃들이 다 예뻐 그냥 좋아 !!!!

여기는 수정 민들레 정원이잖아 !!! 하나님은 우리 민들레 정원에서 서로 의지하고 사이좋게 친구들끼리 잘
지내라고 만드신 천국 정원이야!

나는 수정 봉사 팀 친구들과 주일날 봉사를 한다. 각자 케릭터가 있고 자기만의 색깔을 갖고 있는 꽃으로 보였다.
지금까지 주어진 삶에 최선을 다하고 잘 살아준 친구들 '얼마나 꽃이 피고 지고 잘 살아 냈을까.' 앞으로 우리는 함께 삶을 나누는 관계 속에 "하나님이 지켜주는 가장 아름다운 정원에 활짝 핀 꽃들이다."

뭐 시가 특별 한가 내 생활 속에서 보는 느낌이 한 조각의 시인 거다…. 나에겐 소중한 사람들이다. "하나님이 선물로 주신 최고의 인연이다."

어디서 누구와 무엇을 하며 어떻게 살 것인가? 나는 하나님을 만난 지 10년이 되었다. 조금 늦게 만난 건 아쉬움이 있지만 내가 태어나서 가장 잘한 일은 주님을 만난 일이다.
나는 주일날이 기다려진다. 주일날 예배를 드리고 민들레 봉사를 하면서 너무 행복하다.

나이를 먹으면 외롭고 고독하고 쓸쓸하다고 그런다. "어디서 무엇을 어떻게 보내냐고 묻는다면 이렇게 보내는 거다!" 라고 말해주고 싶다.

하나님을 만난 우리는 주일날 예배와 함께 민들레 봉사 팀 친구들과 하하 호호 웃으면서 핑크 젤리 받겠다고 서로 토스 게임도 하고 휴대전화 놀이를 한다. 이런 재미있는 일이 어디에 있을까. 또 요즘은 손 글씨에 모두 빠져있다. 혼자라면 하다가 중단했을 것을 같이 하니까 서로 의기 투합 해서 서로 보여주고 하하 호호 웃고 재밌다. 수정학당 입문코스를 밟고 있는 미래에 '수정교회 엘리트들이다.' '라파엘로의' 그림 '아테네 학당이' 생각났다. 그림 속 인물들은 철학자, 시인, 화가 다 모여 있다. 그림 속에 인물들은 동시대에 사람들은 아니지만 '아테네 학당에' 시대별 철학자들이 다 모여 있듯이 우리 수정학당 친구들도 다 철학자고 시인이다.

수정학당에는 다 꿈꾸는 멋진 친구들이다!

배움도 전염이다.

하나님이 외롭게 살지 말라고 2막 인생은 하나님이 나에게 최고의 선물을 주셨다.

하나님을 만난 우리는 신앙적인 가치관이 같고 매주 같이 봉사하다 보니 정이 들어서 서로 눈빛만 봐도 즐겁고 정겹다.

또 수정" 사더사 모임"이 있다. "사랑 더하기 사랑" 찐 절친 모임이다 ."보고만 있어도 편한 관계의 절친 들이다.

모임 만 가지면 시간 가는 줄 모르고 밤새우고 1박 하자고 하하 호호 웃는 소중한 인연들 ~~~나중에 혼자 남게 되면 같이 살자고 하는 허물없는 사이이다. 어디서 이런 귀한 인연을 만난단 말인가 !~~ 하나님이 사랑으로 맺어준 인연이다.

우리는 관계를 이루며 사는 사람들이다. 혼자서는 절대로 살 수 없다. 서로 소속된 공동체 속에서 서로 의지하며 함께 가는 친구들이다.

우리는 오지게 재미있게 나이 들어가는 것에 감사할 따름이다.

매 주일 날이 기다려진다. 하나님이 만들어준 천국의 정원에서 사는 가장 축복 받은 사람들이다.

"아름다운 입술을 갖기 위해서는 오직 친절한 말만 해야 한다.
그리고 내면의 균형을 유지하기 위해,
항상 혼자가 아님을 확신하자."
- 오드리 헵번 -

내 삶이 결정했습니다

현은정

㈜코리아브레이크 이사
중앙대 경영학과 학사 졸업

하나님 안에 살면서 받은 복이 넘침에 감사하며 앞으로의 삶이
더욱 행복할 것을 결정하고 나아가는 중입니다.

나를 자녀 삼아 주시고 한없는 은혜를 베푸시는 하나님

나는 왜 일중독이 되었을까?

"인생을 성공적으로 이끌기 위해서는
예측할 수 없는 우리의 생각과 마음을 긍정적으로 길들이고
바른길로 인도하는 믿음이 있어야 한다."
-바라봄의 법칙 중에서-

엄마는 왜 그렇게 바쁘게 살아?

아이들이 보기에 엄마는 늘 바쁜 사람이다. 집에서 회사에서 교회에서, 엄마가 제일 바쁜 것 같다는 아이들이다. 그만큼 열심히 살고 있는 걸까?

오늘도 퇴근길에 저녁은 뭘 먹어야 하나 생각하면서 오다가 정육점을 들러 삼겹살을 사 왔다. 배가 고프다며 기다리는 가족들을 위해 열심히 고기를 굽고 밥상을 차린다. 그렇게 저녁 시간이 끝나고 겨우 자리에 앉았다. 그냥 TV만 보기에는 뭔가 손이 심심하다. 뭐라도 할 것 없나 둘러보니 얼마 전부터 만들기 시작한 마크라메가 보인다. 그냥 유튜브를 보면서 내 방식대로 만들어 가는 취미다.

또 일을 시작한다. 허리도 아프고 어깨도 아픈데 하고 싶은 일은 있고, 이런 내 모습을 옆에서 지켜보던 딸이 묻는다.

"엄마는 왜 그렇게 바쁘게 살아?"

둘째 딸은 퇴근하면 아무것도 할 수가 없단다. 다음날 출근해야 하니 무조건 쉬면서 충전해야지 엄마처럼 퇴근해서도 끊임없이 뭔가를 할 수가 없단다.

그러고 보니 나의 일상이 바쁘기는 하다. 남편의 사업장에 출근하는 나는 출근 전에 빨래라도 해놓고 나가야 하니 부지런히 움직여야만 한다. 어영부영하다 보면 벌써 훌쩍 시간이 지나버린다. 빨래가 돌아가는 동안 노트북을 켜고 밴드에 글을 올리거나, 주문을 확인하고 배송 완료 고객에게 DM을 보낸다. 빨래가 다 된 모양이다. 다섯 가족의 빨래만도 만만치 않은 양이다.

이제 출근하는 차 안에서도 그냥 운전만 하지 못하고 반드시 뭐라도 들어야 시간이 아깝지 않다. 성경도 들었다가 인문학 강의도 들었다가 찬송도 들었다가 하다못해 늘 책 읽기가 부족하다는 생각에 읽어주는 책도 듣는다. 회사에 도착한 나는 가끔 제품 사진도 찍어야 하고 온라인쇼핑몰 관리도 해야 하고 그렇다고 주문이 폭주하는 건 아니다. 하루에 몇 건 정도인데도 바쁘다. 그렇게 이것저것 하다 보면 하루가 정말 빠르게 지나버린다. 벌써 퇴근할 시간이다.

엄마는 왜 그렇게 바쁘게 사느냐는 말을 생각해 보니 주변의 비슷한 또래들보다 조금은 바쁜 것 같다. 보통은 자녀들이 결혼했거나 독립해서 살거나 하는데 몇 해 전 드디어 성공시켰던 딸들의 독립이 코로나 바이러스로 인해 다시 합가가 되었고, 나가서 살아보니 엄마 집이 제일 좋단다. 결혼해서도 엄마 옆에서 살고 싶다고 말하는 아이들이다.

사실 〈떨어져 있으면 그립고 같이 있으면 귀찮은 게 가족〉이라는데 경험해 보니 좀 귀찮아도 그리운 것보다 나은 것 같다. 정말 가정이 생기면 그때는 진정한 독립이 필요하겠지만.

더구나 아이들의 터울이 뜨문뜨문 이다 보니 두루뭉술 한꺼번에 키우질 못했다.

이번 달에도 관리비 고지서를 보니 같은 평수 중에서 전기와 수도, 가스 사용량이 평균보다 높은 편이다. 어른 다섯 명이 함께 사는 집이 드물 것이다. 그나마 다자녀 혜택을 보는 걸로 위안을 삼는다.

그런데다 가만히 살림만 하고 회사만 다니지, 요즘에는 주말마다 농사짓는 일을 시작해서 더 바쁘다. 주일에는 교회에 가야 하니 토요일 하루 시간을 내어 가고 있는데 어찌하다 보니 가 있는 동안 밭일만 할 수 없어 쉴 수 있는 작은 쉼터까지 만들었다. 그러니 바쁠 수밖에. 엄마는 왜 또 농사일을 하느라고 바쁘냐 고하는 아이들이 당연하다.

그런데 나는 왜 이렇게 바쁘게 일해야 직성이 풀릴까?

아마도 어릴 적 아버지 때문이 아닐까? 아버지는 술로 세월을 보냈다. 그렇다고 가정폭력이 있는 아버지는 아니었지만, 큰아들을 먼저 하늘나라로 보낸 후에 그 충격으로 무력감에 일하지 않았던 아버지 때문에 한마디로 가난했다. 가난 때문에 하고 싶었던 많은 것을 못 했던 나는 이다음에 어른이 되면 꼭! 열심히 잘 살거라 다짐했다. 그래서 부지런하고 성실한 남자를 만났고, 그런 남편을 만나 열심히 살다 보니 어릴 적 가난으로 겪었을 결핍을 채워가며 살게 된 것 같다. 그때는 그런 아버지가 미웠고 원망스러웠지만, 결과적으로는 나에게 부지런함을 물려준 불쌍하고 가엾은 아버지다. 좀 더 오래 사셨으면 좋았을 것을….

가끔 낮에 엄마가 뭐 하고 있는지 궁금한 딸아이가 카톡 가족 방에 "엄마 뭐해?"라고 물어오면

"엄마 지금 바빠."를 자주 하니 딸의 눈에 엄마는 늘 바쁜 사람이다.

기억해 주겠니?

주말에 모처럼 집에 있었다. 주말에도 일이 있어 출근했던 딸에게서 전화가 온다 "엄마 저녁에 뭐 먹어?" 부지런히 밥상을 차린다. 우리 아이들이 좋아하는 흰쌀밥을 짓기 위해 고시히카리 쌀을 씻는다. 얼마 전 선물로 받았던 고시히카리 쌀 밥맛에 반해서 이제는 이 쌀만 먹게 되었는데, 아이들도 너무 맛있어한다. 된장찌개를 끓이고 최근에야 맛을 알게 된 밥새우로 김치전을 부친다.

그동안 알지 못했던 작고 흰 말린 새우가 밥알같이 희고 작아서 밥새우라 하는 모양인데, 이 밥새우로 전을 부쳐 먹으면 별미다. 또 교회 집사님이 주신 귀한 엄나무 순을 살짝 데쳐 새콤달콤 고추장과 된장 양념에 조물조물 무쳐놓는다. 오늘 밥상도 풍성한 이유는 된장과 밥새우와 엄나무 순을 나눔 받아서다. 나눔을 받아 차린 밥상은 왠지 더 달고 맛있다. 그분들의 넉넉한 마음이 함께 버무려져서일까?

오늘도 후다닥 밥상을 차린다. 뚝딱하고 차려낸 밥상에 온 가족이 둘러앉았다. 오늘 하루의 삶도 감사하며, 이 밥을 먹고, 주말에도 몇 시간 거리의 거래처에 다녀온 남편과 열심히 최선을 다해 사는 큰딸과 아직 직장에 적응하느라 힘겨워하는 작은딸과 공부하느라 힘들 막내아들이 힘을 냈으면 참 좋겠다.

사실 나는 밥상을 잘 차리고 싶다. 어릴 적 엄마가 가족의 생계를 책임지느라 늘 직장에 다녔고, 그래서 맛있는 밥 한 끼 온 가족이 함께 둘러앉아 먹어본 기억이 나지 않는다. 나나 동생들이 어릴 적에는 내가 동생들의 끼니를 챙겨야 했고, 조금 더 커서는 그야말로 각자도생이었던 기억뿐이다.

어릴 적부터 지금까지 떠나지 않고 사는 동네가 같다 보니, 지금은 신도시가 되어 버렸지만, 예전에는 시골이었고, 웬만한 집 엄마들은 집에서 농사를 짓느라 항상 집에 있었지만. 우리 엄마는 직장에 다녀야 해서 집에 계시지 않았다.

내가 제일 싫었던 건 엄마가 매일 늦게서야 집에 오시니 동생들의 저녁밥을 챙겨야 했던 거다.

동네에 단짝 친구 슈퍼집 미정이가 엄마 몰래 라면땅을 훔쳐다가, 나를 주면서 놀자고 해도 못 논다고 돌려보낼 때 아주 속상했다.

나도 친구들과 나가서 늦게까지 놀다가 엄마가 밥 먹으라 부르면 달려오고 싶었는데…. 그래서 문밖에 마당에서 떠들며 노는 아이들이 싫었고, 이런 누나의 마음도 모르고 아무리 불러도 노느라 정신 팔린 동생들도 미웠다.

오직, 굳이 온 가족이 함께 밥 먹던 기억을 떠올리면 겨우 떠오르는 장면 하나가 엄마가 일하러 가지 않은 어느 일요일 아침, 내가 좋아하던 들장미 소녀 캔디를 보면서 먹었던 칼국수 생각뿐이다. 그래서 친정엄마의 음식솜씨가 좋다는 것도 내가 결혼해서야 알게 되었다. 그때 서야 엄마도 살림만 하는 사람이 되었으니, 엄마도 참 바쁘게 살았구나.

얼마 전 가족 모임에서도 그 이야기가 나왔는데 이제는 웃으며 얘기할 수 있는 것은 지금의 우리는 그때와는 다른 모습으로 살고 있기 때문일 거다. 또 이제는 가족들이 하는 말이 엄마 솜씨를 물려받은 모양이라며 내가 하는 음식이 엄청 맛있다고 좋아한다.

그래서 이런저런 이유로 내 안에 채워지지 않은 따뜻한 식탁에 대한 그리움이 남아있고, 될 수 있으면 한 상에 모여 맛있게 밥 먹기를 바라는 내가 된 것 같다.

어느 날 맘 먹고 요리를 한다. 화려한 음식들로 눈과 입이 즐겁도록 식탁에 가득 음식을 차려놓고 모두 앉아 하나님께 감사기도를 드리고 먹으려는데 딸아이가 말한다.

"엄마 우리는 좋은데 엄마가 너무 힘들잖아. 그냥 시켜 먹지"

그동안 속으로만 생각했던 말을 꺼낸다. "아무리 힘들어도 엄마가 너희를 사랑한다는 표현이야 다음에 또 해줄게." 그리곤 속으로 생각한다. '엄마 어릴 적에 못 한 거 하는 거야.'

내가 비록 바쁘게 요리하느라 힘도 들고 몸도 아프기는 하지만, 우리 아이들은 이다음에 따뜻했던 엄마의 식탁을 많이 기억해주면 좋겠다.

돕는 자가 되어라

전우! 오늘도 수고!

아침에 먼저 출근하는 남편과 현관에서 장난스럽게 악수하며 나누는 인사다.

얼마 전까지만 해도 서로 안아주며 "사랑합니다."라며 인사를 나눴는데 그것도 이제는 귀찮아서 간단하게 바꿨다. 이젠 동료의식이 들기도 해서일까? 이랬다저랬다 하는 모습을 받아주는 남편은 자기 마음대로라며 웃는다. 여느 부부와 마찬가지로 우리의 일상도 평범하고 비슷하다.

그런데 몇 년 전만 해도 "오늘도 또 싸워!"

남편과 날마다 거의 같이 있다 보니 자주 싸울 때가 있다. 아마도 우리 부부를 아는 분들은 저 부부는 잘 안 싸우겠지라고 생각할지 모른다. 그러나 우리도 평범한 부부다. 정말 별것도 아닌 일에 화가 나고 못마땅하고 남들은 남편의 인물이 좀 좋다고들 말하지만 정말 그 꼴을 보기 싫을 때가 가끔 있다. 그러면서 원망하고 미워하고 밥도 주기 싫고…. 하도 자주 싸우니까 큰딸이 그런다 "또 싸워!" (부끄럽게도 아이들 앞에서도 싸울 때가 있다)

왜 싸움이 되나 생각해 보면 우선 나나 남편이나 고집이 세고, 나는 한 번에 여러 가지를 해야 하는 사람이고, 남편은 무조건 한 번에 하나밖에 할 수 없는 사람이니, 그런 남편을 보면 답답해서 성질 급한 내가 해보려 하면 결국 싸우게 된다. 특히 제일 참기 힘들 때가 함께 차를 타고 갈 때 나는 길눈이 밝은 편이고, 남편은 나보다 좀 어두운 편이라 많이 싸웠다. 그러나 지금은 그냥 입 꾹

다물고 숨 한번 크게 쉬고 참으려고 노력하니 남편도 어느 정도는 길눈이 밝아진 것 같다. 혹은 내가 무뎌 진건지도 모르겠다.

그런데다 난청으로 소리가 잘 들리지 않는 남편에게 내 딴에는 설명을 하는 건데도 꼬박꼬박 따진다 생각하고는 결국 남편은 화를 내고 마는 거다. 남편의 주장에 따르면 우선 내 목소리가 너무 귀에 거슬리고 틀리는 것도 끝까지 우기기를 잘한다나 뭐라나 참 어이가 없다. 밖에서는 목소리가 좋다는 칭찬도 많이 듣는 나에게 비수를 꽂아 버린다.

그렇게 열심히 싸우며 살다가, 최근에는 "엄마 아빠 왜 그래? 신혼이야?" 아이들이 한마디 한다. 그 말을 듣고는 피식 웃음이 난다. 서로 조금씩 지려 하니 세 번 싸울 일도 한 번만 싸운다. 뭘 그리도 이겨 먹고 싶어서 안달이었을까? 이기고 싶은 마음을 포기하고 나니 오히려 내가 편해진 것 같다.

어느 날 교회에서 이런저런 이야기를 나누다가 어느 권사님 부부는 전혀 싸움을 하지 않는다는 말을 하면서 "딱 싸우려 할 때 깨어 있어야 한다고 다 사탄이 부부 사이를 갈라놓으려 하는 거니 물리쳐야 한다"라고 얘기하는데 정신이 번쩍 들었다. '맞아 별일도 아닌 일로 자꾸 싸우게 되는 일이 분명 우리가 사이좋게 사는 게 싫어서였구나!' 그 후로 말다툼이 있을 때마다 속으로 기도한다. '예수님의 이름으로 명하노니 분열시키는 악한 영은 떠나가라!'

이렇게 싸우면서도 회사에 나가는 이유는 뭐라도 돕고 싶어서다. 회사에서 하는 일 중에 요즘 가장 신경을 쓰고 있는 일은 지원 사업과 SNS다. 전문적인 사람들이 하루면 끝날 일을 며칠이고 붙들고 있어야 하곤 한다. 서툴지만 스스로 해결해 나가는 내 모습에서 살림만 하는 주부가 아닌 새로운 나를 발견한다. 집에서는 평범한 엄마지만 가끔은 유능한 전문직 여성처럼 되고 싶은 내 속에 또 다른 나인 모양이다. 정부 지원 사업의 사업계획서를 작성하고 심사위원들 앞에서 발표도 하고 그 가운데는 좋은 성과도 있다. 비록 말다툼할 때는 미운 남편이지만 그래도 함께 도우며 잘 살아야 하지 않는가.

몇 년 전 나는 구체적으로 기도했다 "하나님 저도 남편이 하는 사업을 도울 수 있는 사람이 되게 해주세요. 그중에서도 정책자금지원 같은 거 받게 해주세요!"라고 그 동기는 어느 날 남편 친구가 사업을 크게 하는데 그의 아내가 자금조달을 잘한다는 자랑을 들었다.

시청에 가기만 하면 그냥 자금을 얻어 온다고 하면서….

그런데 기도한 지 얼마 되지 않아 놀랍게도, 별로 친하지 않던 친구로부터 연락이 왔고, 나를 정부 시책 설명회에 데려갔다. 그래서 알게 된 정부 시책 지원금을 받아보려고 지원사업 상담을 받았는데 우리 회사는 지원 대상이 안 된단다. 너무 실망해서 속상한 마음에 주차장에 차를 세운 채로 기도했다 "하나님 우리 회사도 지원받을 수 있는 길을 열어주세요. 혼자 애쓰며 힘들어하는 남편에게 도움이 되는 사람이 되고 싶어요!"

얼마를 기도한 후에 지난번 설명회에서 받은 명함에 적힌 번호로 전화했다.

그리고는 어디서 그런 용기가 났는지 "왜 그때는 웬만한 회사는 다 지원 대상이 되는 것처럼 해놓고 지원을 안 해주냐."고 또랑또랑하게 따졌다. 잠시 어이가 없었을 담당자는 회사에 직접 방문해서 도와주겠다며 방문했고, 놀랍게도 그해 처음으로 중기청 자동화 라인 지원 사업을 받게 됐다.

그때는 뭐가 뭔지 정신이 하나도 없었지만, 남편이 내심 놀라는 눈치였다.

그렇게 해서 시작된 지원 사업의 영역이 내게 생기게 되었다.

그 후 경영컨설팅 과정도 수료하고 지원 사업에 필요한 교육도 이수하고 수원으로 인천으로 과천으로 정말 열심히 다녔다. 그 결과 사업계획서도 직접 제출하고 PPT를 만들어 발표도 하고 사업보고는 물론 사업평가회에서 의견 발표도 하고 해마다 큰 규모는 아니지만 소소한 지원 사업에 선정됐고 하나님의 응답하심에 감사하고 있다.

무덥던 어느 날 회사에 출근하니 기계가 멈춰있다. 남편과 직원들 모두 멈춰있는 기계를 고치느라 벌써 오전 내내 씨름 중이라고 한다. 그때 바로 말했다 "기도해야지요." 그러면서 멈춰있는 기계에다 손을 대고 기도하니 남편이 어이없어한다 "이 사람아, 기계에다 손 대고 기도한다고 고쳐져?" 그런데 놀랍게도 남편이 사무실로 뛰어 들어오면서 하는 말이 "당신이 기도하고 들어가고 나서 가만히 생각하고 있는데 고장 난 원인이 눈에 확 들어오더란다." 그렇게 몇 시간 동안이나 헤매였는데. 이후 여러 번 남편은 내가 기계에다 손 대고 기도했던 간증을 하곤 했다.

코로나19가 시작되던 해 모든 것이 멈춰버렸고, 기어코 오프라인 시장에 위기가 왔다. 위기를 기회로 만들기 위해 몇 해 전부터 하고 싶었던 온라인시장 진출을 두고 남편을 설득했다. 그리고는 드디어 허락받았다. 남편은 내가 무슨 일을 좀 해보고 싶다고 하면 브레이크를 먼저 걸고 본다. 워낙에 신중한 성격의 사람이니 이해는 하지만, 그래도 '브레이크 패드를 만드는 사람이라 그러냐고' 따져 보기도 하면서 겨우 설득했더니 그럼 해볼 테면 해보라는, 그러나 별 기대는 안 된다는 듯한 뉘앙스를 보이면서 말이다.

그래서 전문 업체에 의뢰했다 그러나, 온라인시장에 진출하는데 모든 마케팅 비용까지 포함해서 경비가 만만치 않았고 포기해야 하나 하다가 또 기도했다 "하나님 지혜를 주세요. 저는 할 줄 모릅니다. 그러나 능력 많으신 하나님이 저에게 할 수 있게 도와주세요." 그 후 혼자서 돈을 들이지 않고 뭐가 뭔지도 모르는 상태에서 통신판매업 신고를 하고, 제품 사진을 찍고, 편집을 하고, 상세 페이지를 만들고, 쇼핑몰에 등록하고 하면서 온라인에 우리 제품을 내놓았고 지금의 성과는 오히려 남편이 나에게 열심히 해서 잘 키워보라고 격려하고 있다.

이렇게 회사 일로 함께 있는 시간이 많다 보니 앞으로도 살면서 가끔 다투면서 살겠지만 그래도 사는 동안 열심히 집에서나, 회사에서나 도우며 사는 아내가 되고 싶다.
"여호와 하나님이 이르시되 사람이 혼자 사는 것이 좋지 아니하니 내가 그를 위하여 돕는 배필을 지으리라 하시니라" 창 2:18 하나님 말씀처럼 말이다.

세상 적으로 사는 친구들을 보면 갈수록 사이가 안 좋아서 남편과 소홀해지고 사회적으로도 황혼이혼이 는다는데, 그래도 우리는 하나님의 자녀들이니 주님이 기뻐하실 모습으로 살아야 하지 않을까? 늘 항상 함께, 하나님의 은혜 안에서 서로 존중하며 사랑하며 그렇게 나이가 들면서 잘살아 보고 싶다.

"부부가 진정으로 사랑하고 있을 때는 칼날만한 침대 위에서도 잘 수 있지만, 불화할 땐 16미터나 되는 넓은 침대도 비좁게만 느껴진다.

-탈무드 중에서-

은혜 아니면 살아갈 수가 없네

"여호와를 기뻐하라
그가 네 마음의 소원을 네게 이루어 주시리로다."
-시:37:4-

수정교회를 만나다

벌써 20년이 된 수정교회에서의 믿음 생활은 평범해 보이는 듯 평범하지 않은듯하다.

수정교회가 아닌 다른 교회를 다닐 때의 우리 두 부부는 예배 시간이면 입이 쭉 나와 있었다. 다니기 싫은 교회를 시어머니 때문에 억지로 가야 하니 목사님 말씀은 전혀 귀에 들어오지도 않았고. 졸기만 하다가 집에 오곤 했다.

더군다나 가뜩이나 힘든 시집살이에 금요일만 되면 아침부터 구역예배 식구들 먹일 점심을 하라 하시니 교회 사람들도 싫었다. 나한테는 일만 잔뜩 시키시면서 교인들만 챙기시는 어머니가 교회에서는 선한 집사님이지만, 집에서는 무서운 시어머니였기에…. 그렇게 몇 년을 억지로 다니던 교회가 마침 다른 곳으로 이전 하게 된 핑계로 예배도 드리지 않고 편안히 지내던 어느 날, 큰딸이 먼저 전도되어 다니고 있던 수정교회에 반은 억지로 전도가 되었는데, 그때 목회를 담당하시던 정인교 목사님의 첫 예배 말씀을 들은 후 남편이 하던 말을 잊을 수가 없다 "성경 말씀이 이렇게 좋은 거였어?"

그 뒤로 우리는 수정교회를 다니기 전의 삶과 다니고부터의 삶으로 완전히 나누어지기 시작했다. 지금 생각해 보니 처음 교회를 출석하고 몇 주 만에 새로 뽑은 내 차를 한창 본당 공사를 하던 굴착기가 치는 바람에 앞 유리만 남기고 다 수리했을 때도 있었고, 그 일로 우리 부부가 교회를 떠날까 봐서 노심초사하셨다는 뒷얘기를 들었다. 예배 시간 말씀을 듣는 도중 터진 울음이 주체가 안 되었던 경험도 있었는데, 그때까지만 해도 성령님의 존재도 모르고 있던 때이다. 그 후 알파 수양회에서 다시 한번 성령님과의 만남을 통해 무엇보다도 시어머니를 미워했던 마음을 가장 많이 회개시키셨다. 또한 수양회 후에 나타난 뚜렷한 증거는 가끔 즐겨 마시던 소주 냄새가 격하기 싫어져서 단주하게 된 일도 있다. 유년부 교사로 주일이면 아침 7시에 집에서 나와서 저녁때가 되어서야 집에 들어가는 때도 많았고, 주중에는 어린이 전도협회의 새 소식반을 했다. 그렇게 나의 모습은 조금씩 변해갔고 점점 교회에서 보내는 시간이 늘어갔다.

오죽하면 아이들이 어릴 적에 온 가족이 놀이공원을 한 번도 가본 적이 없다.

올해로 20살이 된 막내 수민이는 가끔 하는 말이 "엄마는 나 어릴 적에 매일 집에 없고 교회만 가서 누나들하고만 놀았다."고 말하곤 한다. 그 말이 맞는다. 9개월짜리 늦둥이 막내아들을 놀이방에 맡기고 5학년과 7살짜리 누나가 우유 먹이고, 기저귀 갈고, 엄마 대신 열심히 보살펴 주었다. 그렇게 정신없이 교회 일만하고 다닐 그때는 성령충만했고 몰입이 되어있었다. 최근에 한 20년 만에 만난 친구도 하는 말이 전화하면 매일 교회에 있다고 해서 그때부터 만나지 못한 거라 했다. 지금 생각해 보면 하나님께서 엄청나게 몰아가신 시기였던 것 같다.

그렇게 열심히 믿음 생활하며 살고 있던 몇 년 후 우리를 처음 수정교회로 인도했던 멘토 집사님들의 떠남은 나에게 큰 충격이었고, 너무 의지하고 깊은 관계이기에 그 상실감도 컸다. 주변에서 나를 보고 있는 분들의 마음에도 내가 위태로워 보일 정도였으니 말이다. 그러나 하나님께서는 우리 부부의 한 부분을 너무 크게 차지하고 있던 관계를 자연스럽게 정리해 주셨다.

사람과의 관계는 너무 멀지도 가깝지도 말아야 한다는 사실을 뒤늦게 깨달은 탓이다. '친밀거리 딱 30센티를 유지하라!'

너무 깊었던 관계가 끊어지면서 그 상실감을 혼자서 완전히 회복하기 어려웠다. 그래서 교회를 떠나고 싶었다. 마침 아이들도 집 앞에 있는 가까운 교회로 가고 싶다 조르고 있었고, 남편도 나와 비슷한 이유로 교회를 옮기려 기회만 엿보고 있던 시기, 지금의 원로 목사님이신 조일래 목사님만 은퇴하시면 조용히 떠나야지 하던 계획은 갑작스러운 장로 임직으로 무산되었다. 지금은 남편은 장로로, 나는 팀 목자로, 딸들은 외할머니를 모시고 와서 예배를 드리고, 막내아들은 방송부와 교육부서에서 각각 예배를 드리다 보니 주일 오후가 되어서야 가족이 만나지만 분명 수정교회를 떠나지 못하게 하신 하나님의 계획이 있을 것으로 생각한다.

뒤돌아보면 늘 넘치게 주시는 분

사업에 있어서 이런저런 우여곡절도 많지만, 늘 감사한 것은 결국 하나님의 축복이다.

마흔 중반에 접어들어 더 늦기 전에 사업을 해보고 싶다던 남편을 적극적으로 지지했다. 사업은 은행 돈으로 하는 거라며 부추기기도 했다. 60평짜리 창고 같은 임대 건물에서 시작한 남편의 사업은 어느 날 통장에 소중하게 마중물로 움켜쥐고 있던 전 재산 사천만 원을 부흥회 도중에 은혜받은 남편이 건축헌금으로 드리겠다는 결단이 있었고, 그런 남편을 믿었기에 감사한 마음으로 동의했다. 그 후 당장 무슨 일이 생기거나 한 것은 아니지만 감사했고, 몇 년 후 우리의 능력으로는 생각조차 해보지 못했던 500평짜리 자가 공장을 갖게 되었다.

공장을 주신 이야기를 하자면, 어느 날 컴컴한 공장으로 은행지점장이라는 분이 들어오시더니 여기는 무슨 일을 하는 곳이냐며 물었고 남편의 사업 아이템과 비전을 들은 후에 하는 말이 "사장님 좀 더 넓은 곳으로 옮기시죠? 제가 돕겠습니다."

마침 근처에서 사업하고 있던 젊은 집사님이 확장 이전하는 바람에 부러워만 하고 있던 차라

우리 마음을 어떻게 알고 왔을까? 내심 놀랍기는 했지만, 엄두를 못 내고 있었다. 그러나 결국 우리보다 더 적극적인 지점장님의 도움으로 한 300평 정도의 공장을 열심히 물색하며 다니던 중 우리 부부의 마음에 딱 들어온 공장이 하필 500평이나 되는 거다. 당연히 자금이 부족하니 불가능한데 우리는 그때 무슨 용기인지 팔짱을

끼고, 눈이 살짝 쌓인 공장 마당을 돌면서 기도했다. "하나님 저희는 돈이 부족합니다. 그런데 이 공장이 마음에 듭니다. 하나님이 해주셔야지요." 그렇게 공장 마당에 발자국을 남기고 뒤돌아보며 돌아왔던 그곳을 결국은 허락하신 하나님이다.

처음 자가 공장을 하다 보니 행정적으로 할 일도 많고 규제도 많았다. 어느 날 시청공무원들이 단속을 나왔다. 일단 단속은 불편하다. 표정도 어둡고 위협적인 모습으로 공장 건물과 관련해서 행정처분 대상이 되는 것 같아 왔다는데, 공장등록증을 보여 달라고 한다. 마침 몇 달 동안이나 공장등록 때문에 이것저것 진행하고 있었는데, 우리 직원이 시청에 전화를 걸어 공장등록 담당자를 연결해 주었더니 뭐라 뭐라 한참 통화를 하더니만 하는 말이 "사장님 운이 좋으시네요! 사실 우리가 몇 달 전부터 이 지역을 다니면서 불법을 찾아내고 있었는데, 이상하게 여기 회사 앞에만 오면 퇴근 시간이 걸려서 그냥 돌아간 게 두 번이었고, 오늘은 기필코 이곳부터 오리라 마음먹고 온 건데 사장님네 공장은 문제가 없으시네요. 오늘 공장등록이 허가 났다고 직원하고 통화했습니다."

그때 공무원들이 돌아가고 우리가 할 수 있는 건 감사기도밖에 없었다.

놀랍지 않은가! 두 번이나 공무원들을 막으시더니 허가가 딱 떨어진 날이라니!

그 후로도 회사의 많은 일들이 있었지만, 그때마다 도우시는 하나님을 경험한다.

성실한 직원들을 보내주시고 좋은 거래처들이 생기고 한꺼번에 확 성장하지는 않았지만, 그래도 자동차 브레이크 패드 업계에서 나름의 입지를 갖게 된 것도 모두 다 하나님 은혜가 아니면 할 수 없는 일이다.

지난해 어린 시절 다녔던 교회 선배들과 친구들로부터 연락이 왔다. 향산 OB 모임을 하자고.

그러잖아도 오가며 늘 보고 있던 어린 시절 다녔던 교회가 몇 년 전 드디어 몇십 년 만에 건축을 한 모습을 보며 궁금했었는데, 반가운 마음에 흔쾌히 모임에 나가보니 잘 기억이 나지 않는 선배들도 있었고 친구처럼 지내던 선배도 있었다. 생각해 보니 나는 혼자서만 교회를 다녔기 때문에 믿음의 뿌리가 없었고, 고1쯤 되었을 때, 짝사랑하던 전도사님이, 분명 나보고 예쁘다고 했던 전도사님이, 한 살 위 선배와 사귄다는 말에 충격을 받아 교회에 가지 않게 되었다.

이번 모임에 그 선배를 만나 내가 그때 왜 교회를 나가지 않았는지 말하리라 마음먹고 이야기를 꺼냈더니 함께 있던 친구들이 하는 말이 "야 나도 좋아했어! 너만 좋아한 게 아니야, 여기있는 모두가 좋아했어! 말 마라 나는 그 소리 듣고 정신이 나가서 막 울면서 교회를 뛰어다녔다."라고 해서 얼마나 웃었던지 그 이야기의 주인공인 선배 언니는 멋쩍어하면서 웃고 있는데, 그는 지금 다른 분 만나 교회 사모님이 되어있다.

그런데 그 모임의 절반은 지금 교회를 떠나있고, 때로는 팍팍한 삶에 힘들어하고 있기도 하다.

그 모임을 통해 나에게 보여 주시는 하나님의 은혜가 가득하다.

비록 시어머니께서 강제로 교회를 다니게 하셨지만, 하나님 안에 사는 지금의 내 모습은 그들 중에서 제법 안정적인 삶을 살고 있으니 말이다. 어릴 적 다니던 교회에서는 집사님 딸들에 밀려 성탄절에 하얀 드레스 입고 하얀 장갑 끼고 고요 한밤 거룩한 밤을 한 번도 못 해봤지만, 이제는 추억의 교회를 위해 자그마한 정성을 보낼 만큼은 되었으니 얼마나 감사한가.

내 남편이 무슨 장로를 해요

지금도 가끔 부부싸움을 하기도 하지만 장로임직 소식을 듣기 몇 달 전부터는 거의 전쟁과도 같은 날을 보냈다. 정말 별것도 아닌 일로 기분이 상하고 말다툼하고 심지어는 가족 모임 장소로 가는 도중 싸우다가 식당 문 앞에서 차를 돌려 와버린 일도 있었다. 남편은 따다 다다 쏘아대는 내게 더는 같이 못 살겠다며 집을 나가버린 일도 있었다. 사업도 그럭저럭하고 있고 아이들도 잘 자라주고 있는데 우리에게 무슨 일이 생긴 걸까? 나중에서야 깨달은 사실이 그때 우리 사이에 사탄이 엄청난 일을 벌이고 있었다. 그러니 우리는 당연히 장로 임직을 고사했고 남편의 마음은 돌과 같이 굳어있었다. 나 또한 남편을 인정하지 않았기에 고사 의견에 당연히 동조했다.

그런데 시간이 점점 지나자, 내 마음 가운데 동요가 일었고 급기야는 이러다가 정말 평생 우리 이렇게 사는 거 아닌가? 나라도 설득해서 순종하게 해야지 나중에 큰 후회 하는 건 아닌가? 아내는 돕는 배필이 되어야 한다는데 지금 내가 잘하고 있는 걸까? 잠이 오지 않기 시작했다. 그래서 설득을 시작했건만 쓸데없는 소리 하지 말라며 화를 내는 남편의 얼굴은 지금까지 봐온 얼굴 중에 가장 무서운 표정이었다.

'아, 이건 아닌가요? 하나님 저는 설득을 못 하겠어요. 저 좀 도와주세요' 혼자 차에 앉아 울면서 기도했다. 그리고는 기도했으니 들어 주실 거란 믿음으로 회사에 도착해서 설득했지만, 소용이 없었고, 냉랭한 분위기로 퇴근 시간이 다가오고 있었다.

이제 몇 시간 후면 교회에서도 장로 임직을 받아들이겠노라는 의사전달 절차가 끝나는데, 남편은 전혀 묵묵부답인 채로 시간만 흘러가고 있었다. '이제 더는 안 되겠구나!' 하는 마음으로 컴퓨터 자판만 두드리고 있는데 퉁명스러운 말투로 내게 말 한다 "나 오늘 아버지한테 다녀갈 테니까 먼저 집에 들어가" 그 말을 듣는 순간

'아 맞다 부모님을 설득해 볼까?' 그리고는 집에 먼저 간다고 하고 부리나케 어머니 집에 도착해서 그간의 일들을 말씀드렸더니 어머니도 알겠다고 내가 말해보겠다 하셨다. 얼마 후 어머니 집에 들어오는 남편은 나를 보고 놀라 "여기 왜 왔어!" 하는데 그냥 눈물이 터졌다. '어머니한테 다 말했어요' 하니 또 쓸데없는 소리 한다고 하면서 아버님 방으로 들어가 버린다.

사실 아버님은 몇 년째 치매를 앓고 계셨고 겨우 아들과 여러 명의 손주 중에서도 우리 큰딸 미란이만 알아보실 정도였는데. 한참의 침묵이 흐르고 옆에서 어머니가 설득해도 안 된다. 마침 친정에 와있던 누나가 설득해도 안 된다. 시간이 흐르고 이제는 정말 포기해야지 '하나님 아직은 때가 아닌가 봅니다' 하는데 남편이 갑자기 말을 꺼낸다. '그러면 아버지한테 물어서 아버지가 하라면 할게요' '아니 이게 무슨 말인가? 아버님이 지금 그런 판단을 내려주실 상

황이야?' 참 어이가 없네.

결국 남편은 아버님께 하는 말이 "아버지 나 교회에서 장로 하라는데 해요, 말아요?" 한 번에 못 알아들으시는 아버님 한 테 몇 번을 똑같이 물으니, 아버님이 그러셨다. "하라면 해야지, 왜 안 해!"

그 순간 나는 분명하게 남편의 표정을 보았는데 그렇게도 무섭게 굳어있던 표정이 스르륵 풀리는 거다. 참 놀라운 경험이다.

나중에 시간이 지나 곰곰이 생각해 보니 마치 남편의 몸에서 악한 것이 나가는 듯한 모습이랄까? 그 후로 우리의 부부싸움은 점점 줄었고 안정이 되어갔다. 이제 남편이 온화해진 표정으로 멋쩍게 웃으면서 "목사님께 전화해야지" 한다. 그리고는 목사님께 전화해서 "목사님 죄송합니다. 저 순종하겠습니다."

그 후 좋으신 선임 장로님들과 동기 장로님들과 부족하지만 순종하며 직분 감당하려 노력하는

남편이다.

얼마 전 교회 분들과 나들이를 다녀오는 차 안에서 유쾌한 이야기가 오갔다. 남편들 카톡 프로필이 뭐냐고 하니 어느 권사님 하는 말이 원래는 "여봉"이었는데 하도 남의 편만 들고 내 편은 안 들어줘서 미워서 "남편"으로 바꿔버렸다고, 그 말을 듣고 다른 분이 말씀하신다. 나는 남편이 나를 "중전마마"라고 해놨었는데 정말로 중전마마인지 착각하는 것 같아서 확 다른 거로 바꾸셨다 해서 모두가 웃었다.

그 후로도 너도, 나도 한마디씩 했지만 나는 잠자코 있었다. 유쾌

한 분위기를 갑자기 어색하게 만들까 봐서, 왜냐하면 그렇게도 요란하게 장로 임직을 한 남편을 보며 늘 순종하는 장로가 되었으면 하는 마음으로 카톡 프로필이 '순종의 장로님'이기 때문이다. 남들이 들을때 오글거릴 것 같아서.

'하나님 아버지 제 남편이 하나님과 목사님께 늘 순종하는 장로가 되게 해주세요'.

어린 시절 가난했고, 자존감도 낮았던 내가, 하나님 만나서 새 생명 받고 축복받아, 많은 것을 누리며 살아갈 수 있는 것은 오직 한 분 하나님의 은혜임을 날마다 감사한다.

은　　혜

내가 누려왔던 모든 것들이
내가 지나왔던 모든 시간이
당연한 것 아니라 은혜였소
아침 해가 뜨고 저녁의 노을
봄의 꽃향기와 가을의 열매
변하는 계절의 모든 순간이
당연한 것 아니라 은혜였소
모든 것이 은혜 은혜 은혜
한없는 은혜

♬ 손경민 '은혜' 중에서

삼각형의 삶에서 원으로 가는 중

나의 블로그명은 러스틱 라이프

코로나19의 확산으로 새로운 국면에 접어들 무렵 집안에서 할 수 있는 것 중에 많은 시간을 '한국 기행'과'세계테마 기행','나는 자연인이다'의 시청으로 보냈다. 그러다 이렇게는 안 되겠다 싶어 차를 타고 헤매고 다녔고, 이것도 힘들어질 무렵 논만 있는 벌판 한가운데 조그만 텃밭을 마련했다. 이제는 집과 회사와 교회만 아닌 또 하나의 꼭짓점을 만든 것이다.

일단 붉은 황토를 부어 밭을 만드니, 이전에는 느껴보지 못한 새로운 마음이 드는 게, 어찌 알게 된 이가 언젠가 나에게 하던 말이 생각났다. "문명이 발달해서 사람들이 모든 것을 만들고 있는 세상이지만 아직 땅은 만들 수 없으니, 땅은 가질 수 있을 때 가져야 한다"라고, 그래서 그는 땅을 사는 일에 집중하는 거라고. 그 말을 듣고 웃었던 내가 밭을 만들었다. 이제 이곳에서 펼쳐질 새로운 경험을 기대하면서…. 그리고 새로운 블로그를 쓰기 시작했다. 블로그명은 러스틱 라이프이다.

처음에 남편은 아버지께서 평생 농사를 지으셨으니 그 옆에서 본 것만으로도 자신이 있다고 했지만, 이론과 실제는 역시 달랐다. 밭고랑 하나 만들기도 벅차고 풀 약 같은 거는 줄 줄도 몰라 채소밭인지 풀밭인지 분간이 안 되고 열심히 심어 논 모종들은 일주일에 한 번 겨우 가니 물을 줄 수 없어 말라 죽고. 이만저만 힘든 게 아니다. 그래서 스스로 위안 삼기를 '그래 여기 농사지으러 오는 것 아니니까 괜찮아, 넋 놓고 불멍만 해도 어디야!, 들판만 걸어도 어디야!, 노을만 바라봐도 정말 좋은걸….

그래도 첫해에 고구마를 심었는데, 평소에는 별도 좋아하지 않는 고구마다. 그런데 그 맛이 어찌나 달고 맛있는지 거름도 하나 없이 풍작을 이뤘다. 수확의 기쁨이 시작된 것이다. 그래서 그다음에는 감자도 심고, 호박도 심고, 가지도 심고 점점 욕심이 늘어난다.

만남의 축복

처음 그곳에서 만난 분은 첫인상이 나이가 엄청 많으신 분인 줄 알고, 어르신이라 호칭했지만, 알고 보니 우리와 나이 차이가 크지 않아 아저씨라고 부른다. 늘 옆에서 밭을 갈아 기경 해주시고, 오다가다 멀리 우리 차가 보이면 오셔서 반갑게 안부를 물으시는 그 동네 부농이신 그분은 그곳에서 태어나 평생을 농사지으시며 살고 계시는데, 집에 가보면 없는 기계가 없다. 요즘 농촌은 농기계가 없으면 농사를 지을 수가 없다고 한다. 지난번에는 논둑을 만드는 트랙터로 네모 번듯하게 논둑을 만드는 모습을 봤는데 정말 신기했다. 아주머니는 직접 기른 순무로 김치를 만들고, 주말이면 작은 가게에서 국수와 두부와 부추전을 파는데 요즘에는 어찌나 손님이 많은지 일손이 딸려 논에서 일하다가도 설거지 때문에 불려 가신다고 아저씨가 푸념한다.

농로 옆에 밭이 있으니 트럭이며, 트랙터들이 자주 오간다. 어느 날 엄청나게 큰 바퀴를 단 건초 마는 트랙터 한 대가 멈추어 섰다. '"누구시지?"' 어디서 한잔한 것 같은 불그스름한 얼굴로 왠지 시비를 걸 것 같은 표정이다. 대뜸 "여기다가 농막 놓으려면 어려운 것 아시죠? 허가도 받아야 하고?" "'그럼요, 당연히 신고해야지요'." 그렇게 시작된 대화는 처음에는 트집 좀 잡아볼까 하는 텃세였으나, 어찌어찌 얘기하다 보니 나와 동갑내기이길래 일방적으로 친구 하자며 대화를 이어갔고, 당연히 남편은 형님이 됐다. 그리고 지금은 그곳에서 가장 큰 협력자가 되어 우리 차가 보이기만 하면 득달같이 달려와서 반갑게 인사를 나누고, 양파밭에 비닐하우스 만들어 주고, 감자 심을 때 되니 씨감자 나눠주고, 집에서 기른 닭이 나은 유정란 챙겨주고, 우리가 쉴만한 작은 쉼터도 소개해 주고…. 나중에 안 사실이지만 우리가 계약한 그 집을 어떻게 얻게 되었는지, 그 주변 사람들이 우리를 볼 때마다 물어왔다. 이유인즉슨 그 집이 몇 년 동안이나 비어 있을망정 절대 내주지 않던 주인이 왜 하필 우리에게 선뜻 내주었을까? 아마도 그 친구의 도움이 크지 않았을까 싶다.

밭에서 멀지 않은 곳에 마련한 집이 있는 곳에는 딱 네 채의 건물이 있다. 2014년 섬과 섬을 이어주는 대교가 생기기 전까지 배가 드나들던 이곳에 배를 기다리던 사람들이 이용했던 휴게소 건물과 선착장 대합실과 공중화장실과 슈퍼건물이다. 휴게소로 사용되던 건물은 건물주인의 딸이 카페를 하며 특산품을 팔고 있고, 선착장 대합실로 이용됐던 건물은 부동산 사무실로 쓰고 있다. 이곳에서 가장 돈이 많이 들었다는 새로 지은 공중화장실과 이제는 슈퍼에서 편의점으로 바뀐 곳이다.

이렇게 한적한 이곳에 우리도 한 일부가 되었는데, 주말이면 모이는 낚시꾼들과 중년의 캠핑족들로 결코 한적한 곳이 아닌 곳이 되었다. 유난히도 올해는 더 많은 캠핑족으로 붐비고 있다고 한다.

우리보다 연배가 높은 부부들이 차 박을 하는 모습을 보면 새삼 참 새롭게 느껴진다. 그들은 주로 바다낚시를 하며 시간을 보내는데 아예 장박을 하는듯한 캠핑카도 여러 대이다.

그곳에서도 새로운 인연을 만들었다. 나이는 큰딸과 동갑이고 도시에서 직장생활을 하다 집에 돌아와 편의점을 맡아서 하는 친구다. 어찌나 싹싹하고 시원시원한지 갈 때마다 많은 이야기를 나누고 싶지만, 시간이 부족하다. 김치 가져오셨냐며 순무 김치 한 통을 얼른 내주더니 편의점 앞에서 팔고 있는 말린 새우 중에 보리새우보다도 작은 밥 새우 한 됫박을 그냥 덜어준다. 한번 드셔보시라며, 얼마 전에는 남동생이 놀러 왔는데 혹시 막걸리 드시냐고 물어 동생이 먹는다고 했더니 인삼 막걸리 두 병을 선뜻 내준다. 한 병은 정 없다고 하면서. 이렇게 딸 같은 친구가 고맙고 기특해서 뭐라도 도울 일이 없을까? 생각 중이다. 좋은 생각이 떠올랐으면 좋겠다.

아버지가 운영하시던 휴게소 건물을 카페로 운영하는 사장님은 카페보다는 그 앞 좌판에 놓고 파는 특산물에 더 많은 관심이 있는 것 같다. 쌀과 새우젓과 말린 새우와 털 게 잡는 도구와 팔아달라 맡겨놓은 달걀까지. 집 안에 있으면 계속해서 사람들과 이야기하는 소리가 들린다. 그만큼 사람들과 떠들고 얘기하는 것이 좋은 것 같은 사람이다. 갈 때마다 우선 커피 한 잔 주문하고 인사를 나누면 요즘에 많이 나는 털 게를 잡아보라 어찌나 권하는지 곧 그 도구를 사서 낚싯대에 걸고 바다에 나가야 할 것 같다. 지난번에는 잡아놓은 털 게를 보여주며 사라는데 깜박 홀랑 사 버릴 뻔했다. 어찌 감당하려고 라면에 넣어 끓여도 맛있고 게장을 담가도 맛있다며 설득했지만, 웬일인지 평소 얇은 귀가 움직이지 않아 다행이다.

우리에게 선뜻 집을 내주신 부동산 사장님은 노인회장이라서 회장님으로 부른다. 시골에서 연세도 많으신데 스타일이 젊으시다. 갈 때마다 인사를 드리면서 보면 늘 청바지에 자켓 차림이다.

알고 보니 부인께서는 권사님이신데, 이 회장님은 그곳에 있는 우리나라 최초의 향교에서 큰 역할을 맡고 계시고 풍수지리나 사람들의 관상 등에 관심이 많으시단다. 우리를 볼 때마다 그저 인자하게 웃어주시는 회장님이 늘 건강하셨으면 좋겠다.

동생이 놀러 온 김에 아는 분이 카페를 한다는 말을 듣고 찾아갔다. 알고 보니 가구를 직접 만드는 사람이었고, 동생과는 나무 자재 때문에 알게 된 인연인데 몇 년 만에 만나서 어찌나 반가워하던지. 느린 우체통 카페로 들어서니 손수 만든 가구들로 예쁘게 꾸며져 있다. 체구는 나보다 좀 작은데 어찌 그리 큰 가구들까지 직접 만들고 카페 건물도 직접 설계해서 건축하고 이곳저곳 아기자기 참 예쁘게도 꾸며 놨다. 2층에 있는 살림살이 가구들까지도 만들었고, 세상에 하나밖에 없는 가구들이니 얼마나 뿌듯할까? 남편 사장님은 공정무역 커피만을 고집하며 커피머신을 쓰지 않고 손수 원두를 갈고 내려서 느릿느릿 커피를 내준다. 말 한마디 섞지 않고. 느린 우체통의 카페 이름과 어울리게도 말이다. 지금은 그곳 문화센터에서 가구 수업도 하고 카페 운영도 한다면서 꼭 다시 만나자 약속했다. 돌아오는 길에 나도 곧 가구 만드는 일을 시작해 보겠구나 하는 마음이 든다.

쉬운 건 없어, 그래도 감사

풀과의 전쟁이 시작됐다. 심지도 않았는데 어찌 이리도 풍작일까? 알고 보니 옆 논의 주인이 갖다 놓은 거름을 맘껏 쓰라는 말에 신나게 밭에 뿌렸다. 공짜 거름이니 어찌나 좋던지. 그런데 아뿔싸 완벽히 발효되지 않은 탓에 거름에 풀씨가 남아있었고 우리는 풀 약을 줄지 모르니 좋게 말해 친환경 밭이 되어 무럭무럭 풀들이 자라났다. 지난해 그 소중한 시간을 풀만 뽑다가 지쳐 돌아온 날을 생각하면 어이가 없어 웃음이 나온다. 그뿐인가? 그리도 맛나던 고구마는 굼벵이 약을 밭에 주었어야 한다는 것을 몰라 굼벵이들의 먹이로 내주고 울퉁불퉁 못난이 고구마들이 되었다. 캐는 동안도 굼벵이 때문에 힘들어했다. 동네 분들은 그 귀한 보약을 왜 그냥 버렸냐 지만 '정글의 법칙 김병만'도 아니고 '어휴 정말 징그러워'를 연실 내뱉으면서 힘들게 고구마를 캤다. 그러니 누구를 주기도 어렵고 먹다 먹다 결국은 밭에 가지고 나가 묻어 버렸다.

농사를 처음 시작할 때 생각한 것이, 야들야들한 상추를 금방 따서 장작불에 구운 고기에 싸 먹을 생각을 했지만, 상추 구경하기가 정말 어렵다. 모종을 심어놓고 자주 물을 주어야 하는데 일주일 있다 가보면 말라 죽어있다. 밭에 심은 작물들은 '농부의 발걸음 소리를 듣고 자란다'라는 말이 있듯이 자주자주 가보아야 하는데…. 미안하다. 다만, 쉼을 위해 선택한 곳이니만큼 또 다른 노동이 되지 않도록 주의할 것을 스스로에게 당부한다.

그러나 오늘도 남편은 뻘뻘 땀을 흘리며, 숨을 헐떡이며, 삽질을 한다. 뭐가 저리도 급할까? 볼 때마다 천천히 하라고 잔소리하지만, 오랫동안 몸에 밴 습관이 고쳐지기는 할지, 고칠 생각은 있는지 한편으로는 안쓰럽다. 혼자서 모든 걸 책임져야 한다는 생각이 늘 저렇게 바쁘게 살게 만든 것 같아서….

새로운 공간과 새로운 만남과 새로운 경험을 통해 삶의 또 하나의 점을 만들면서 집, 회사, 교회밖에 모르던 우리가 하루는 다른 곳에서 시간을 보내고 있다. 하루로는 턱없이 부족하기만 하지만, 그럼에도 감사할 뿐이다. 이제 삼각형에서 사각형이 되었다.

앞으로도 더 많은 삶의 경험과 만남을 통해 점을 찍어 나간다면, 점차 둥근 원이 되어 어디에 있어도 모나지 않고 어울려 갈 수 있는 넉넉하고 평온한 삶이 되기를 바란다.

에필로그

요즘 회사에서 고객에게 리뷰 답변글과 밴드 회원들에게 정보를 주기 위해 글을 쓰고 있는 데 도움이 될까 싶어 이번에 개강한 문화센터에 왔다. 그런데 아뿔싸 책을 쓰는 강좌라니... 제대로 정확히 보고 왔어야 했다. 〈나도 작가 되기:책쓰기〉 고민이 많이 됐다.

내가 무슨 글을 쓴다고? 더구나 쓸 글감이 있기는 하나? 그런데다 이곳에 모인 분들의 면면을 보니 더 자신감이 없어졌다. 일찌감치 발을 뺄걸 그랬나? 거의 3주 이상을 고민했다.

어영부영 이제는 내가 그만두면 다른 분들에게 피해를 주는 상황이 되어버렸다. 이를 어쩐다.

강사님은 계속 격려하신다 "성공해서 책을 쓰는 것이 아니라, 책을 쓰면 성공한다."라고.

그래서 억지로 쓰다 보니 결국 내가 살아온 이야기다. 어쩌다 내 인생 가운데 이런 놀라운 일이 생긴 걸까? '"엄마 프로필 사진도 찍어야해!"'라고 말하니 큰딸이 그런다 "엄마 참 재미있게 산다!"

딱히 특별한 것 없는 저를 자녀 삼아주시고 앞으로의 삶도 더욱 행복할 것을 결정하게 하시니

하나님 아버지 감사합니다.

"할 수 있거든이 무슨 말이냐 믿는 자에게는
능히 하지 못할 일이 없느니라."
-막9:23